W0186803

A. Bolchini

GUIDE DE LA MAGIE BLANCHE

EDITIONS DE VECCHI S.A.
20, rue de la Trémoille
75008 PARIS

« Malgré l'attention portée à la rédaction de cet ouvrage, l'auteur ou son éditeur ne peuvent assumer une quelconque responsabilité du fait des informations proposées (formules, recettes, techniques, etc.) dans le texte.
Il est conseillé, selon les problèmes spécifiques – et souvent uniques – de chaque lecteur, de prendre l'avis de personnes qualifiées pour obtenir les renseignements les plus complets, les plus précis et les plus actuels possibles. »

Les photos des rituels ont été prises lors de deux cérémonies à l'intérieur du temple magique « Alk-Kass » de Milan. Vous trouverez les matériaux et les objets rituels aux Editions Aldo Castelli de Milan, qui nous les a aimablement fournis.

Photos de l'intérieur de Roberto Benzi et de l'auteur

Traduction de Josianne Miller-Biolatto et Florence Desallangre

Imprimé en Italie

SORCIERE

Sorcière
tu murmurais douce
Sorcière
tes yeux riaient
Sorcière
en m'embrassant les mains tu criais:
Sorcière!
Avec tout ton amour
. . . .
. . . .
Puis tu es parti
et aucune magie
ni valse surent te retenir

A.B.

Introduction

Je ne cacherai pas au lecteur que je me suis lancée dans la rédaction de cet ouvrage avec autant d'enthousiasme que de perplexité : écrire un livre sur la magie n'est pas une entreprise facile.

La magie est douée d'un pouvoir de fascination et d'une aura de mystère qui poussent les gens à se laisser séduire ou à la repousser énergiquement ; elle ne laisse en tout cas jamais indifférent. Voilà pourquoi l'objectivité est malaisée dès qu'on aborde ce sujet. Il est néanmoins possible d'exprimer sa croyance ou son incroyance en la magie en se gardant d'émettre des critiques. On croit souvent en quelque chose ou en quelqu'un, simplement parce qu'on se sent poussé à agir ainsi, et le fait de ne pas croire obéit exactement au même principe. Croyants ou agnostiques, tous sont convaincus d'être dans le vrai, non pas au nom d'informations et de connaissances objectives, mais tout simplement en vertu d'une prédisposition d'esprit dont ils n'ont pas conscience... le dialogue serait sinon beaucoup plus facile entre eux.

Quant à moi, je peux vous assurer que j'ai écrit mon livre dans un souci d'objectivité maximale. Selon mon habitude, je vous indiquerai les motivations logiques, les suppositions, les possibilités, les théories et surtout les pratiques utiles pour réaliser l'expérience par vous-même et vérifier la crédibilité de ce que j'avance.

N'oubliez pas que si vous associez les rites suggérés au

développement de vos facultés mentales, vous aurez des chances de résoudre certains problèmes. Quelle importance si on vous répète que «la magie n'existe pas...» ou que «seuls les imbéciles peuvent y croire...». Souriez et continuez à utiliser vos enseignements pour vivre mieux et obtenir un plus dont les incrédules ne soupçonnent pas l'existence. Souvenez-vous que la magie s'exprime à travers des symboles que seuls les initiés savent lire et comprendre: les autres se limitent à les reproduire, faisant perdre à la magie une grande partie de son efficacité.

Si vous désirez obtenir des résultats qui ne soient pas uniquement le fruit de l'illusion, ne négligez rien de ce qui est dit dans ce livre avant d'accomplir tout rituel magique. Lisez même ce qui semble ne pas vous intéresser directement pour l'instant, sinon vous risqueriez de réaliser des actions magiques imitatives et non actives.

Qu'est-ce que la magie?

Selon les convictions de chacun, ce titre appelle toute une série de questions ou de réponses différentes. Nous touchons là un thème extrêmement compliqué sur lequel il importe de faire toute la clarté. Le mot «magie» peut servir à désigner une foule de choses, à tort et à raison.
Prenons un exemple: beaucoup continuent à considérer les guérisons paranormales comme un effet de la magie et baptisent alors le guérisseur ou le thérapeute de mage; pour bon nombre de gens, lire l'avenir dans les cartes et les astres relève de la magie: ceux qui pratiquent la divination sont à leurs yeux des mages; l'extra-lucide qui réussit avec son pendule à retrouver des personnes ou des objets disparus est assimilé lui aussi, à tort, à un magicien. L'acupuncteur, l'homéopathe, et même l'herboriste peuvent également être pris pour des mages! Jusqu'au fait de tomber amoureux ou de se détacher de quelqu'un qui est mis sur le compte de la magie!
Si on va par là, toutes les réalisations humaines sont le fruit de la magie!
N'arrive-t-il pas que certaines personnes déclarées condamnées guérissent au mépris de toute logique?
Ou que certains réussissent là ou d'autres ont échoué?
N'est-il pas vrai également qu'on a plus de chance d'obtenir quelque chose si on le désire très fort?
Mais dans ce cas, qu'est-ce alors que la magie? *La magie est une pratique servant à transformer la réalité objective en*

réalité subjective. Celui qui saura mettre en œuvre cette pratique atteindra le but recherché.

Il importe de bien comprendre que le mage ne crée pas à partir du néant. Il n'accomplit pas de miracles ou de prodiges. Il ne fait qu'intervenir sur les forces existantes. A l'aide de ses facultés mentales et de quelques techniques occultes, il dévie les forces naturelles et réussit à modifier les effets d'une situation en cours. Il ne transforme pas directement la matière mais essaie d'influer sur son énergie; son intention, et donc sa volonté parviennent donc à maîtriser les éléments et à modifier leurs effets. Lorsqu'en période de sécheresse, un chaman accomplit des rites pour faire pleuvoir, il ne crée pas la pluie de toutes pièces, il ne réalise pas de miracle, il dirige les particules d'eau présentes dans l'atmosphère vers l'endroit où la pluie fait défaut.

Dans ce livre, la magie est considérée comme une pratique capable d'intervenir sur les situations contingentes de l'existence et de changer, par le biais de certaines méthodes, leurs résultats. Partant d'une cause précise qui aurait eu un résultat déterminé, nous pourrons intervenir sur le déroulement naturel des choses en essayant d'agir sur les forces présentes dans la nature et de modifier leurs effets.

Tout ceci nous conduit inévitablement à analyser les valeurs morales de la magie qui risquent alors d'apparaître très discutables. L'homme a-t-il le droit d'agir sur la matière et le monde qui l'entoure, sur ses congénères, modifiant leurs intentions et leurs effets? A-t-il le droit de retourner en sa faveur les circonstances de la vie sans tenir compte des droits d'autrui? Est-il juste de modifier par le biais de la magie des situations que la loi décrète intangibles ou liées au droit à l'exercice de la liberté individuelle?

Il appartient à chaque lecteur de répondre à ces questions en son âme et conscience. Quant à moi, je pense que les droits du mage ne sont pas illimités. Je crois sincèrement qu'il doit observer des limites au-delà desquelles il ne peut plus garantir ni aux autres ni à lui-même l'usage de son libre arbitre. A mon avis, il ne faudrait recourir à la magie que si les circonstances naturelles ne réussissent pas à donner de bons résultats.

Bouddha absorbé dans ses prières. Parfaite copie en laiton du Bouddha des temples indiens. Nombreux sont les opérateurs adeptes des philosophies orientales qui croient en la réincarnation. Il n'est donc pas rare de voir un Bouddha trôner dans le laboratoire de mages ésotériques.

Mais là encore, comme notre appréciation risque d'être entachée de subjectivité et donc d'égoïsme, il faut une fois de plus interroger sa conscience.
Aucun concept moral ne peut remplacer cette instance. Avant d'effectuer un acte magique, le mage devra obligatoirement se poser la question suivante: « Accepterais-je que l'on me fasse ce que je suis en train de faire ? Souhaiterais-je pour moi ce genre de solution ? ».

Aperçu historique de la magie

Il est fort probable que la magie soit tout simplement née d'une réflexion évoluée de l'homme primitif. Prenant conscience de ses possibilités, il s'est alors jugé au-dessus des autres créatures terrestres et a alors essayé de modifier son environnement et la nature, utilisant pour cela sa volonté, même au détriment de la raison.

C'est certainement ce même idéal qui l'a poussé à entamer un processus d'identification et à constituer un système hiérarchique réglé par des normes ayant donné naissance à celles qui régissent notre société actuelle.

L'homme s'est projeté vers une entité supérieure qu'il a cru identifier en la figure du Créateur.

Se percevant comme une partie de la Création, il a reconnu en lui quelques-unes des expressions qui rendent la créature semblable à son Créateur. Prenant conscience du côté magique du lien unissant la créature (expression matérielle) au Créateur (expression surnaturelle), il a voulu le développer, utilisant sa volonté comme point de contact entre ces deux réalités complémentaires.

Il s'ensuit que la force de la volonté employée à la réalisation d'un but dépassant la normalité devient un acte véritablement magique.

Le terme « magie » dérive du grec *mageia* ; il désigne l'art ou la science des mages, disciples de Zoroastre, également connu sous le nom de Zarathoustra, fondateur du zoroastrisme aux environs du VIIe siècle avant J.-C.,

doctrine religieuse officielle de l'Iran jusqu'à l'arrivée des Arabes.
Parmi les mages, certains firent preuve d'une exceptionnelle sagesse et d'un total désintérêt pour les richesses matérielles, mais d'autres se répandirent dans les campagnes et firent naître des pratiques inspirées d'une moralité douteuse sur fond de sorcellerie. Au fil du temps, la magie a donc revêtu deux formes bien distinctes, qui l'ont parfois rendue sublime ou fait sombrer dans une vilenie sans nom :

- la **magie bénéfique**, réalisée pour le bien de l'individu et de la communauté ;
- la **magie maléfique**, réalisée dans l'intérêt de l'individu, parfois même au détriment de la communauté et d'autres individus.

Au fil des siècles, magie maléfique et bénéfique s'écartèrent de leur forme originelle. La magie bénéfique fut de plus en plus assimilée aux religions, tandis que la magie considérée maléfique menait une existence parallèle, sous la houlette d'individus qui se baptisèrent

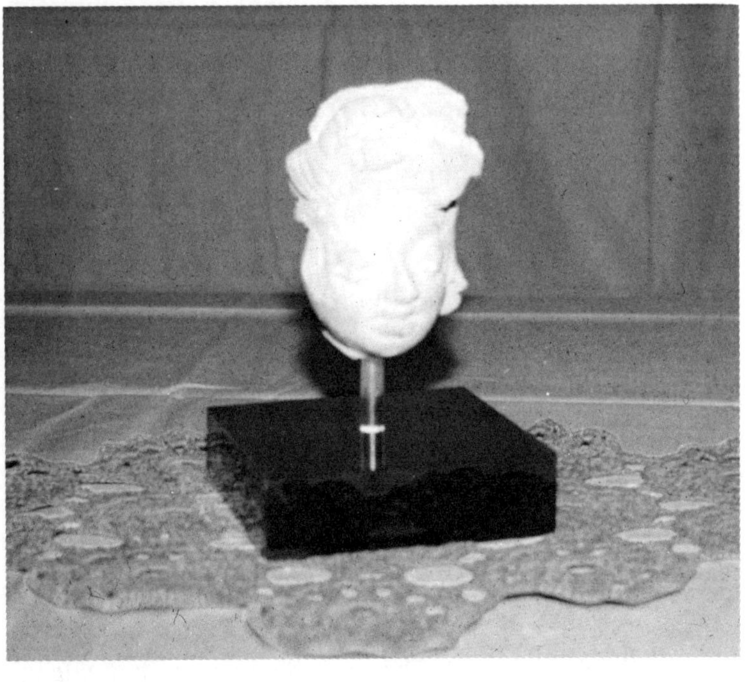

Tête d'une statue provenant d'un temple indien. Dérobée pour être vendue en Occident, elle est la démonstration de tous les fantasmes et des passions que ce genre d'objets – qui devraient plus relever de l'archéologie que de la philosophie – réussit à déchaîner.

mages ou de groupes dirigés par un mage, dont la foi et les objectifs différaient de ceux imposés par la religion dominante. Despotisme des uns, rébellion des autres, mais pas de division réelle entre deux formes de magie : individus et communautés religieuses ont utilisé tour à tour la magie à des fins bénéfiques ou maléfiques pour servir les objectifs les plus antagonistes.
La religion catholique en apporte la preuve éclatante lorsque, loin de nier l'existence de la magie, elle lui attribue une origine maléfique et commet toute une série d'actes barbares à l'encontre de ceux qu'elle accuse de sorcellerie, sorcellerie qui n'est en fait que la célébration de rituels magiques, pratiqués surtout par les populations campagnardes. Célébrer tout simplement les rythmes de la nature autour d'un feu afin de favoriser les moissons ou remercier la lune, astre étroitement lié aux semailles et à la fertilité, était pris par les autorités catholiques les plus intégristes pour un rituel maléfique pratiqué par des sorciers et des sorcières qui n'étaient pourtant que les ancêtres des guérisseurs et des herboristes, actuels et faisaient office de médium communiquant avec la nature.
La magie s'est également développée ailleurs que dans le monde catholique. Dans la Grèce antique, pendant la période hellénistique tardive, surgit une magie à fondement philosophico-scientifique que l'on retrouve dans le néo-platonisme et les doctrines gnostiques. Le philosophe grec Zénon la désigne par le terme *physis*, ce qui signifie force créatrice de la nature. On en trouve trace dans le courant hébraïque de la cabale, puis parmi les alchimistes, nouvelle lignée de chercheurs qui se répandent d'Orient en Europe et s'efforcent de donner une dimension pratique et scientifique à la magie en se mettant en quête de la pierre philosophale... qui devait transformer la matière sans valeur en or, expression à ne pas prendre au pied de la lettre : ces mages étaient en quête de la vérité, c'est-à-dire de la connaissance dont la valeur est par antonomase supérieure à celle de l'or. Si les alchimistes ne cherchaient pas, contrairement à l'idée répandue, à transformer le plomb en or, ils agissaient bien sur la matière, en essayant de la transformer afin de libérer les forces occultes qu'elle renfermait. Ancêtre de la chimie actuelle, l'alchimie est donc la lointaine descendante de la

magie de l'homme primitif. Au cours du Moyen Age naît un courant mystique de la magie qui se confond avec le satanisme. La Renaissance donne un nouvel élan aux philosophies néo-platoniciennes et les hébraïstes tentent de diffuser la cabale. La magie devient alors la forme de connaissance la plus prisée et la plus raffinée de l'époque. On commence à mettre en évidence le pouvoir que chaque individu peut assumer par lui-même en s'enrichissant aux sources de la connaissance universelle qui considère l'univers comme un être vivant dont il suffit alors de connaître l'histoire pour s'y glisser et l'utiliser à ses propres fins. C'est à cette période que les persécutions de l'Eglise, perpétrées à l'encontre de la magie et de ses vulgarisateurs, redoublent d'intensité et de cruauté... au nom de la raison et de la Parole divine. On élimine les ennemis réels ou potentiels au terme de persécutions menées à grande échelle. C'est par la menace du bûcher que l'on essaie de contrôler une force qui n'a rien de magique mais risque tout simplement de constituer un danger politique. On sait bien que les persécutions et la dictature n'ont jamais réussi à briser les hommes, ils en sortent au contraire toujours renforcés. Et des cendres de la sorcellerie renaquit une magie naturelle qui, encore à l'heure actuelle, régit les rapports entre l'homme et son Créateur dans un espace toléré par la religion. Quelques personnages vraiment très intéressants ont laissé à cet égard des traces indélébiles de leurs brillants raisonnements: Pic de la Mirandole, Agrippa von Nettesheim, Paracelse, Nostradamus, Trithemius, Giambattista della Porta, etc.

Mais la religion n'est pas le seul ennemi juré de la magie; au début du XVIIe siècle fait irruption une nouvelle conception qui s'emploie à dénaturer la connotation de la magie: la science.

Avec Bacon, puis avec Galilée, se fait jour une démarche intellectuelle complètement opposée à la magie mais également à la religion. Et les scientifiques font preuve à l'égard de la magie de la même intolérance que les religieux.

Voyant en elle une parcelle de pouvoir qui ne peut cohabiter harmonieusement avec la société existante, ils la combattent, la niant et la taxant de supercherie.

Si les deux grands ennemis de la magie – religion et science – l'ont considérée sous un angle très différent, tous deux lui ont causé un préjudice difficilement réparable.

• La **religion** a affirmé que la magie était l'œuvre du démon, d'où les persécutions perpétrées à l'égard de ses adeptes. En réalité, ces persécutions ne font que témoigner de la peur du pouvoir religieux devant l'expression d'un pouvoir antagoniste. Ce faisant, la religion a ratifié l'existence de la magie, même si elle l'a chargée de connotations négatives.

• La **science**, en revanche lui a donné le coup de grâce tout en faisant preuve à première vue de plus de tolérance : pas de persécutions, pas de procès public. Pour éliminer ce en quoi on ne croit pas ou ce qu'on redoute, il existe une méthode bien plus subtile et perverse : la dérision et l'oubli.

Un fait est certain, la magie n'est pas une science. Elle n'est pas non plus une religion, même si presque partout dans le monde, elle s'exprime sous une forme qui y ressemble. Elle s'apparente en effet parfois à un culte ; dans certaines cultures, elle prend une allure animiste, mettant l'homme en rapport étroit avec les forces naturelles, dans d'autres, elle soumet les formes inférieures à la volonté des êtres humains. Dans certains cas, elle sert les intérêts sociaux de la collectivité qui la pratique. C'est le cas par exemple des rituels vaudous aux Antilles et des macumbas de certaines régions d'Amérique du Sud où les ennemis de la société sont condamnés à mort par le groupe qui les rejette par le biais d'un rituel particulier qui, en plus d'être très impressionnant, semble effectivement produire le résultat voulu.
Les Egyptiens ont largement eu recours aux rituels magiques. Les cultes lunaires et stellaires encore plus anciens ont laissé un héritage de connaissances remis à l'honneur et réutilisé par de nombreux groupes d'inspiration ésotérique. Etant en porte-à-faux avec l'opinion religieuse dominante, ces groupes se sont exprimés à travers un rituel initiatique qui a pris corps à

Statuette représentant une divinité de la fertilité de la civilisation pré-inca.

l'intérieur de sociétés secrètes: c'est le cas de la Rose-Croix, de la Golden Dawn, de la Franc-Maçonnerie, etc. La culture religieuse des populations arabes met beaucoup l'accent sur le rapport magie-transcendance; la philosophie et le fidéisme entretiennent des rapports si subtils qu'ils finissent par se rejoindre dans le soufisme. Les mages étaient d'origine mésopotamienne et nous les retrouvons au carrefour de deux grandes religions qui continueront à coexister en s'opposant: le judaïsme et le christianisme, avec l'avènement du Christ auxquels les mages viennent rendre hommage et offrir or, encens et myrrhe, biens matériels chargés d'une signification éminemment symbolique.

Chez les populations africaines et sud-américaines de culture chamanique, la magie et le rapport qu'elle entretient au divin, afin de rendre service à l'homme au cours de sa vie terrestre, s'expriment différemment. Leurs rituels se caractérisent surtout par une forte charge émotive; ils sont l'expression même d'une volonté intérieure portée à son summum qu'ils voudraient affirmer afin de réaliser plus fortement encore désirs et revendications jugées légitimes.

Le portrait-robot du mage

Arrêtons-nous un instant sur les qualités que tout aspirant-mage doit être certain de posséder ou qu'il doit développer si elles lui font défaut.
La réalisation d'actes magiques passe nécessairement par le détachement émotif de l'opérateur. Afin de pouvoir juger en toute objectivité et utiliser les techniques adaptées au renversement de la situation en cours, le mage ne doit pas être impliqué personnellement dans les faits sur lesquels il souhaite agir.
Il est très difficile d'être son propre médecin, d'ensorceler l'élu de son cœur et d'affronter soi-même un danger. Les opérateurs sont très bons lorsqu'il s'agit de conseiller les autres, mais lorsqu'ils sont directement concernés, ils échouent, comme tout être humain.
La règle qui vaut pour le médecin et l'avocat s'applique donc également au mage : il devra intervenir non pour lui-même mais pour les autres.
En réalisant son propre talisman, un homme apporte la preuve d'une force intérieure considérable. Mais ce qui est valable pour les talismans ne l'est ni pour la magie ni pour les rituels magiques proprement dits qui passent obligatoirement par le détachement émotif du mage. Il est très important que le mage comprenne s'il peut ou non utiliser à ses fins les forces naturelles existantes.
Quelle objectivité peut-on attendre d'un homme amoureux qui se voit rejeté ou trahi ? Il est clair qu'il se

Phase d'une cérémonie magique.

refusera à l'évidence. S'il est mage et qu'il opère pour son compte, il sera incapable de saisir complètement les multiples facettes de la situation afin de la modifier, ou de l'accepter et de changer sa façon d'aborder les rapports humains et amoureux. En amour, il est plus facile d'agir et de savoir à l'avance si l'entreprise a des chances d'être couronnée de succès si l'on opère pour les autres. L'action que nous exerçons pour nous-même est le fruit de notre subjectivité car le sentiment intense auquel nous sommes en proie nous prive de toute objectivité. En magie, les sentiments sont de bien mauvais conseillers !

Les facultés du mage

Un mage digne de ce nom doit éprouver de l'attirance pour ce qu'il veut réaliser sans pour autant succomber à la fascination : il doit charmer, envoûter, réaliser un désir mais sans en être prisonnier.
Il doit être capable d'entrer en contact avec les forces cachées et de les guider à ses propres fins. La volonté et les

rituels magiques lui serviront à contraindre les énergies de la matière et de l'univers et à les soumettre. Mais s'il venait à être amoureux, il serait incapable d'exercer cette force. Autant dire que le mage est donc condamné à ne pas aimer mais à être aimé.
L'aspirant-mage doit prendre conscience de cette réalité. Il commettrait une erreur s'il pensait que d'autres peuvent l'accompagner dans la voie qu'il a choisie : le mage n'a pour seule compagne que la solitude. S'il veut entrer en contact avec les forces énergétiques de la nature, il doit apprendre à sacrifier une partie de son existence à chaque fois qu'il accomplit un acte magique.
Ce sacrifice nécessaire se réalise de diverses manières : par un sacrifice personnel ou un don matériel. Le premier, bien connu sous le nom de privation, correspond au fait de renoncer à quelque chose en échange d'autre chose en l'honneur des divinités gouvernant les forces de la nature qu'on a l'intention d'utiliser. Le deuxième prend la forme d'un don matériel destiné aux moins fortunés. Il peut s'agir d'un simple acte de charité comme d'une donation. Ces donations conviennent surtout à tous ceux qui veulent réaliser un acte magique pour eux-mêmes. Le professionnel, quant à lui, n'a ni le temps ni la possibilité d'agir ainsi. Il aura donc recours à deux systèmes précis : les offrandes-sacrifices de matériel magique (bougies, encens, herbes, parfums et autres) ou l'affectation du dixième de son salaire à des personnes ou des associations dont la survie est assurée par des dons. Tous les opérateurs de magie et d'ésotérisme connaissent bien cette dernière forme d'offrande. Lorsqu'on a pris conscience de son importance, on réussit alors à bien mieux opérer.
Le mage restera humble et comme tout être humain, il apprendra à accepter ses défaites et à tirer les leçons des erreurs commises. Contrairement à ce qui est facile et pratique à réaliser, les difficultés et les épreuves sont toujours riches d'enseignements et porteuses de progrès moral et spirituel. S'il affermit sa volonté, apprend à se servir de la phénoménologie paranormale qui lui est assignée et à observer avec exactitude les jours et les heures magiques, ne négligeant rien du matériel et des rituels magiques, si ses actes magiques sont accomplis avec méthode, précision et régularité et le détachement nécessaire, le mage donnera le

meilleur de lui-même, même s'il ne réussit pas à aller à l'encontre de la loi du «karma». Le «karma» désigne la loi de l'enchaînement des existences, la loi de la relation de cause à effet qui domine tous les actes d'une vie. Chaque cause produit un effet et tout effet résulte d'une cause qui l'a produit.

Ce rapport de cause à effet est partie intégrante du dualisme qui domine l'univers connu. Les énergies universelles ne valent pas seulement le temps de l'existence présente, elle s'expriment à travers un lien logique de l'existence individuelle ou collective qui constitue la continuité et la base d'autres vies, passées et futures.

Le karma signifie que toute action accomplie produit une réaction, créant ainsi un équilibre naturel très important pour la nature et l'univers. Mais comme la vie d'un homme ne représente pratiquement rien à l'échelle de l'éternité, il faut parcourir un cheminement qui consiste à mourir et à renaître à plusieurs reprises jusqu'à l'accomplissement du cycle universel.

Cela signifie également que l'homme ne vit pas pour lui-même mais qu'il s'inscrit dans un contexte de forces universelles avec lesquelles il peut vivre en harmonie ou en désaccord. Les vies humaines constituent simplement un champ d'action qui permet à l'esprit universel d'évoluer à travers les esprits individuels présents dans l'univers. Telle est la philosophie de la réincarnation.

Certaines des expériences que nous traversons n'ont apparemment pas de lien avec les situations de notre vie présente et par ignorance, nous les acceptons comme le fruit du destin ou du hasard. Mais si c'était le cas, cela reviendrait à dire que notre univers n'est pas causal (c'est-à-dire dualiste) mais casuel, auquel cas l'ordre de l'univers et l'équilibre de la nature n'existeraient pas. Les événements n'auraient donc pas de lien logique entre eux et notre vie serait une accumulation désordonnée d'événements.

Certains opérateurs de sciences occultes réalisent de véritables autels surmontés de statuettes comme celle-ci qui représente un moine tibétain en train de prier.

Les qualités du mage

Mais nous savons bien qu'il en va autrement. Le mage doit tenir compte de cette vérité philosophique et se mettre à la place de ceux qui placent toute leur confiance en lui, adoptant une démarche tenant plutôt de celle de l'artiste qui choisit et non pas du marchand qui veut vendre à tout prix tout ce qui lui tombe sous la main.

Les individus en proie à de grandes souffrances sont incapables de reconnaître les erreurs commises; c'est dans l'espoir de trouver une solution à leur problème qu'ils se tournent vers la magie.

Je suis absolument certaine qu'un bon mage doit également être un bon juge et donc porter un jugement moral et social sur le problème qu'il doit essayer de résoudre. C'est en procédant ainsi qu'il pourra établir un contact avec les forces naturelles et se les concilier afin de les plier à ses besoins. Si on lui soumet un fait douloureux qui puise ses racines dans la réalité de la vie présente, le mage aura deux façons d'opérer:

- faire comprendre au sujet son erreur de comportement et l'aider à la corriger, à l'aide d'un talisman par exemple qui active la réaction du sujet;
- favoriser la solution du problème, indépendamment du fait que le sujet l'ait compris ou non, par le biais d'un rituel ou d'un acte magique.

Baguette magique décorative réalisée en verre et renfermant de la gélatine transparente et de petites étoiles fluorescentes.

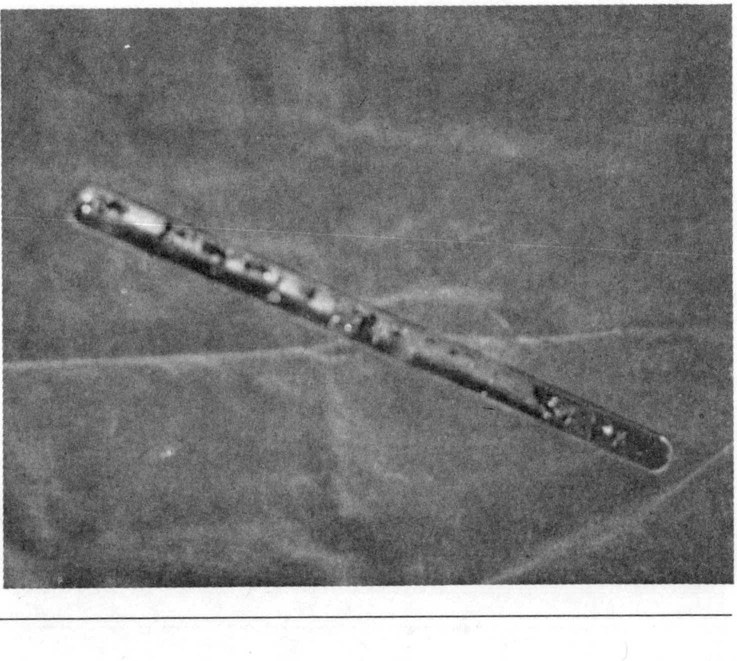

Mais si le fait douloureux soumis à l'examen du mage n'a aucun rapport avec la vie présente et qu'il semble fortuit, le mage devra avoir recours à l'écriture médiumnique ou à la cartomancie afin de découvrir si l'événement funeste est lié au karma : il pourrait en effet être le résultat présent d'une situation en rapport, non pas avec la vie présente mais avec des vies précédentes. Dans ce cas, deux possibilités se présentent au mage :

- faire comprendre au sujet qu'il ferait mieux d'accepter la situation car cela reviendrait à vaincre le karma et régler ainsi la dette contractée par le passé. Un talisman qui s'emploie à ce que les forces de la nature rendent le sujet actif permet également d'obtenir le même résultat ;
- accomplir un acte de magie rituelle afin d'anéantir le karma d'une vie passée. Mais dans ce cas, le mage doit savoir que le problème pourra se représenter au cours de la vie présente ou des vies futures du sujet.

Ceci dit, le mage n'est pas un dieu : il doit accepter que toutes les forces de la nature ne se plient pas à son bon vouloir et que les situations ne se présentent pas toutes sous le même jour : le sujet demandeur peut très bien ne pas connaître l'ensemble des facteurs et se trouver dans un état l'empêchant d'évaluer la portée exacte de sa requête. Le mage ne doit pas prendre part émotivement aux problèmes, il doit faire preuve d'honnêteté et d'objectivité : ce n'est qu'à cette condition qu'il pourra préserver et augmenter ses capacités. Dans le cas contraire, il n'aurait de mage que le nom.

Cadre et panoplie du parfait magicien

En plus d'observer ces principes, un mage professionnel doit se munir d'une série d'objets qui lui permettront de mieux réaliser ses envoûtements.
Voici la liste du matériel courant :

- cadre approprié à la mise en place du temple magique ;
- autel et décoration rituelle ;
- grimoire (livre de magie) renfermant les formules rituelles et les exorcismes ;
- candélabre à sept branches ;

Ci-contre : temple magique, ou Athanor, préparé avec un soin extrême pour la célébration d'une cérémonie rituelle. L'autel repose sur des colonnes de pierre, exactement au centre du cercle magique orné de l'étoile de David et d'inscriptions en hébreu (il sert à protéger les officiants des puissances du mal indésirables). Sur le mur du fond, on aperçoit le triptyque universel de Salomon qui protège également des forces du mal. Les nappes et les parements sacrés de l'autel sont de couleur blanche ainsi que les habits des célébrants. Les bougies sont prêtes à être allumées ; sur l'autel reposent des objets qui vont servir au cours de la cérémonie : encensoirs, coupes du Soleil et de la Lune, tapis rituel. Les murs sont tendus de parements bordeaux ; au fond de la pièce trônent la croix (emblème de la religion chrétienne) et l'ostensoir et, afin qu'il soit bien clair que le mage officiera indépendamment de facteurs exclusivement religieux, de nombreux symboles de la religion juive côtoient les symboles chrétiens. Tout ceci tend à indiquer que la cérémonie est à caractère bénéfique.

- bougeoir simple;
- encensoirs;
- coupe magique solaire dorée;
- coupe magique lunaire argentée;
- jeu de tenues rituelles: blanche-rouge-noire;
- baguettes magiques;
- bâton de commandement;
- poignard magique;
- épée magique;
- tapis magique;
- cercle de protection servant lors des invocations;
- pierre magique pour l'autel;
- triptyque de Salomon protégeant des forces invisibles;
- pyramide de Chéops;

Plan d'ensemble de la décoration de l'autel: bougies rouges et lutrin sur lequel repose un grimoire renfermant des formules magiques d'exorcisme: ces accessoires sont capables de détruire les forces mauvaises. Au fond, à gauche, on aperçoit la boule de cristal utilisée en divination.

– pendule de radiesthésiste;
– jeu de tarot (arcanes majeurs).

En outre, il sera utile d'avoir à portée de main le matériel suivant:
– bougies colorées en cire d'abeille vierge;
– statuettes en cire vierge: homme-femme;
– encre magique de couleur or;
– encre magique de toutes les couleurs;
– parchemin végétal vierge;
– carton léger de couleur;
– plumes et porte-plumes divers;
– huile magique pour les consécrations;
– bains magiques pour les purifications;
– encens, résines, herbes magiques et planétaires;
– pierres dures pour la confection de talismans;
– plaques de différents métaux;
– sachets et rubans de couleurs magiques;
– draps de soie de différentes couleurs;

Trois habits de différentes couleurs. Sur le mannequin : tenue de cérémonie rouge ornée d'inscriptions en or, complétée par un couvre-chef en forme de bandeau et de chaussures identiques à celles que portent les prêtres-magiciens lors des cérémonies qui se déroulent au temple Alk-Kass. La tenue rouge est endossée pour les actes de magie commémorative et occulte, la tenue blanche lors de rituels de magie blanche, la noire pour les exorcismes.

Avec la nappe d'autel et le tapis de protection pour le cercle magique, la tenue noire appartient au rituel présidant aux cérémonies de magie noire. Notez que les chaussures sont décorées d'une étoile à cinq branches (ou pentagramme), pointe dirigée vers le bas, comme c'est habituellement le cas en magie noire. L'opérateur ayant fait ce choix devra préparer son matériel magique avec un soin extrême et ne rien laisser au hasard, car il s'adresse à des entités négatives et puissantes dont il doit se protéger.

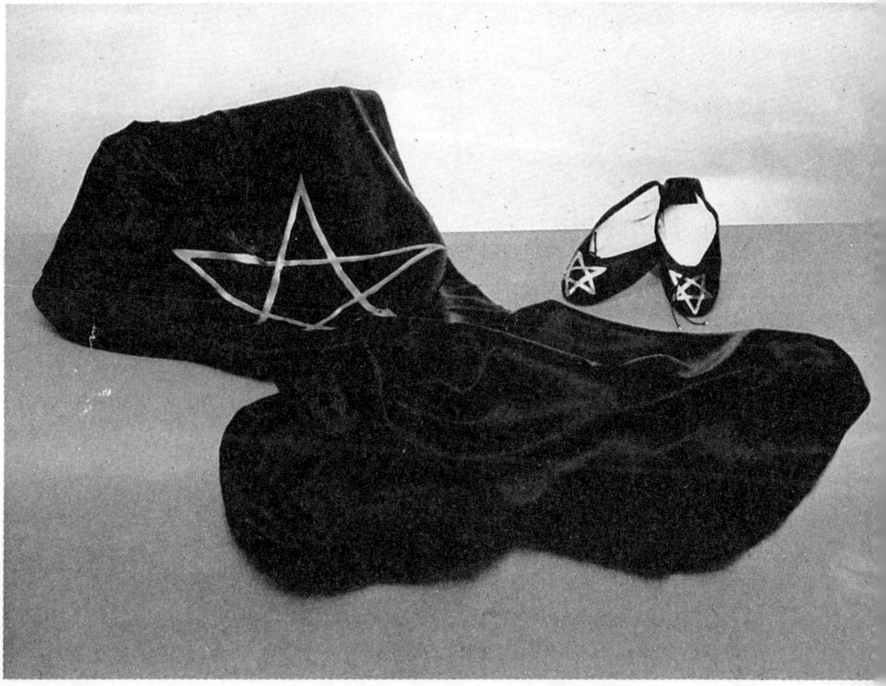

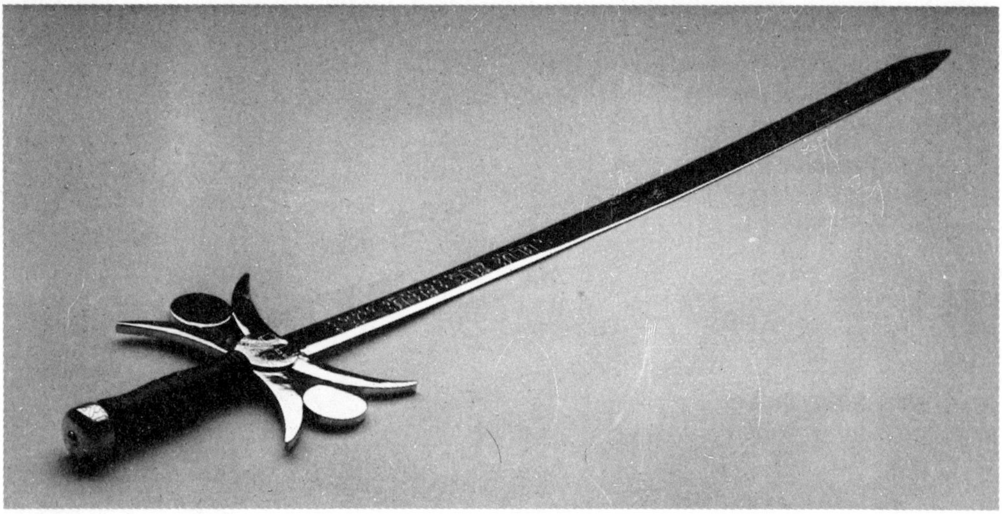

L'épée magique est utilisée lors de cérémonies rituelles au cours desquelles l'opérateur de magie ou le mage a l'intention d'invoquer et de dominer les puissances et les forces de l'univers. Cette épée le protège d'attaques astrales invisibles et fait donc la force de l'opérateur puisqu'elle contribue à accroître son pouvoir. Réalisée en mercure, métal planétaire, elle est dorée à l'or magique mercuriel. Sur sa lame sont gravés en hébreu des mots divins : Yod, He, Vau, Hé, Adonaï, Eheleh, Yaiay, Elom et Gibbor.

La pierre magique est utilisée au cours de rituels si la nécessité s'en fait sentir. Elle permet à l'opérateur d'atteindre l'harmonie avec les énergies de l'ordre universel. Réalisée en parchemin et cuir dorés à l'or fin, elle possède deux faces : l'une ornée de l'hexagramme rouge et bleu (étoile à six branches) ou étoile de David, l'autre du pentagramme (étoile à cinq branches) tracé en noir. Ces deux symboles, souvent utilisés comme figures talismaniques, correspondent à des représentations de Salomon.

Grimoire, livre sacré des mages renfermant prières, formules magiques, rituels et exorcismes à utiliser en magie blanche ou en théurgie. Il est d'une importance fondamentale car il permet la pratique de la philosophie occulte.

Grimoire renfermant les formules rituelles, accompagné de ses attributs complémentaires : deux nappes de magie, l'une blanche et or, l'autre noire et or, consacrées aux 22 puissances invoquées lors de cérémonies rituelles de bénédiction, de consécration et d'exorcisme, deux coupes magiques, l'une en argent consacrée à la Lune, l'autre en or consacrée au Soleil, et un encensoir en métal doré à couvercle muni de trous permettant le dégagement de la fumée.

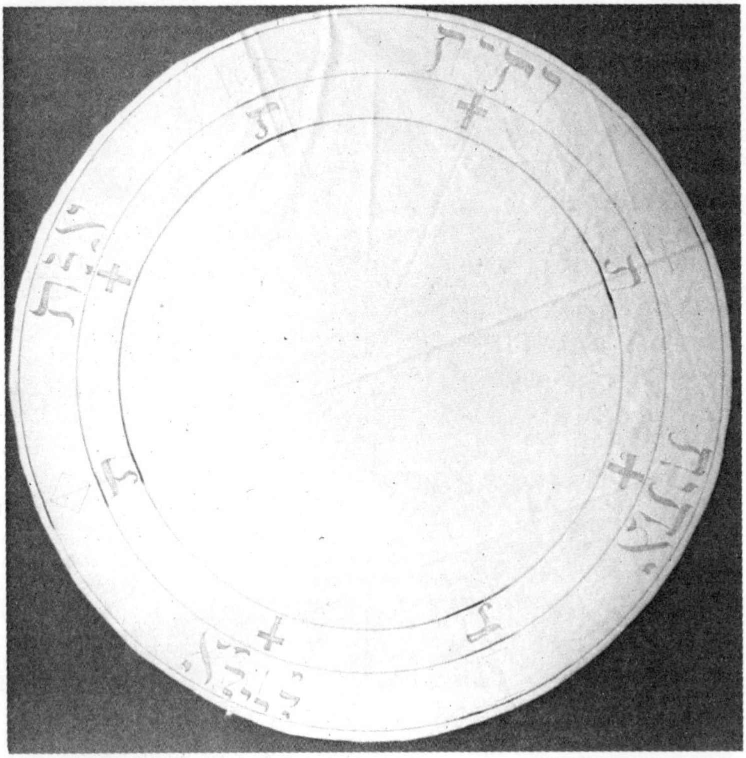

Tapis sur lequel est dessiné le cercle magique de protection. Le mage viendra se placer à l'intérieur de ce cercle lorsqu'il invoquera les puissances des esprits et des forces de l'univers en général. Les inscriptions en hébreu portées entre les trois cercles s'adressent aux intelligences supérieures qui doivent protéger l'opérateur des puissances infernales ou des énergies difficilement maîtrisables. Le tapis a un diamètre de 2,50 m, il est placé sous l'autel ou la table magique.

Encensoirs de table, qui diffèrent par la forme mais non par le fond puisqu'ils remplissent la même fonction : tous deux permettent de brûler les encens, la fumée parfumée s'échappant alors des trous du couvercle.

Pendules en métal et cristal, utilisés par les opérateurs d'ésotérisme pour rechercher la vérité.

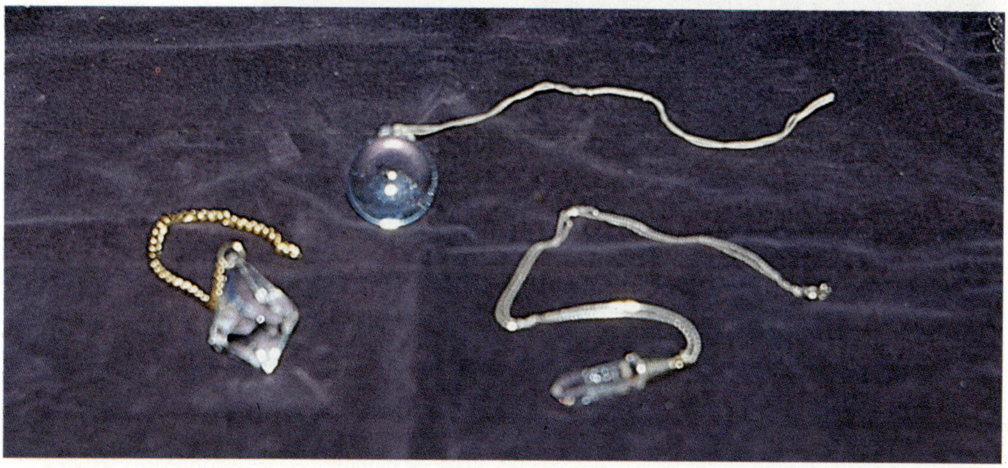

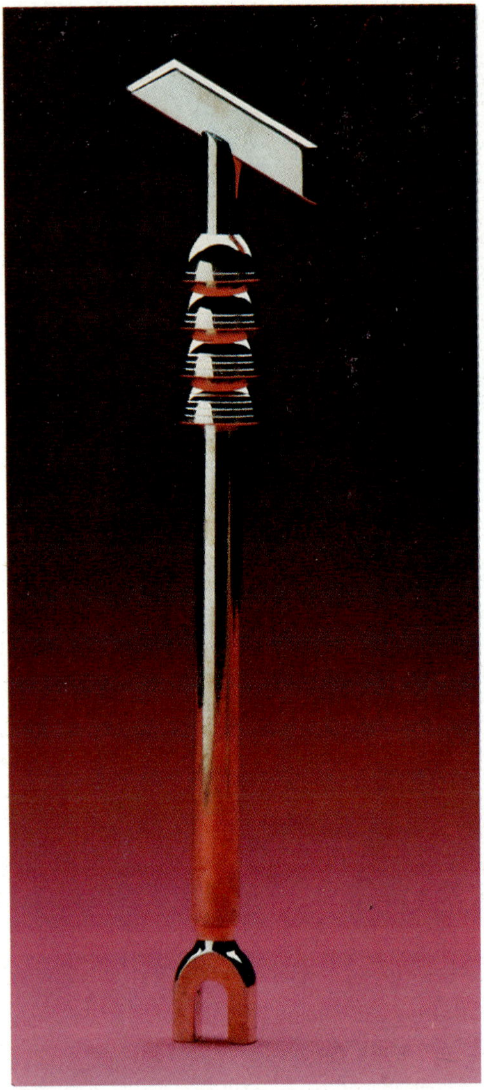

Ci-dessus : bâton de commandement ou baguette magique *constituant une véritable arme magique à laquelle l'opérateur a recours pour se défendre des attaques astrales. Elle doit être en ébène et obligatoirement présenter les 12 signes du Zodiaque et les 4 éléments, gravés à la main en caractères « angéliques » ou « Malakim ». Elle est munie de deux embouts métalliques, l'un représentant le Soleil, l'autre la Lune, qui symbolisent respectivement le positif et le négatif.*

Ci-dessus : bâton de commandement égyptien : Djed ouser *que le mage utilise au cours de rituels pour imposer sa volonté. Réalisé d'après des illustrations épigraphiques égyptiennes, il reproduit donc celui utilisé par les prêtres égyptiens. On sait qu'il fonctionne comme une puissante antenne réceptrice et sert à capturer les énergies cosmiques en fonction des besoins qui se présentent.*

A droite : baguette magique Luciferium *ou bâton de commandement, à utiliser avec ou en remplacement de l'épée. Réalisée en cire, poudre d'or fin et velours de cérémonie couleur cramoisie, elle fait office de condensateur de lumière astrale. Après utilisation, l'opérateur peut la replacer sur son support en bois placé près de l'autel magique. Elle est munie d'inscriptions sacrées écrites en hébreu qui signifient en partant du haut :* Dieu dit que la lumière soit ; Lumière ; Dieu lumière ; Dieu resplendissant et lumineux ; Porte de lumière.

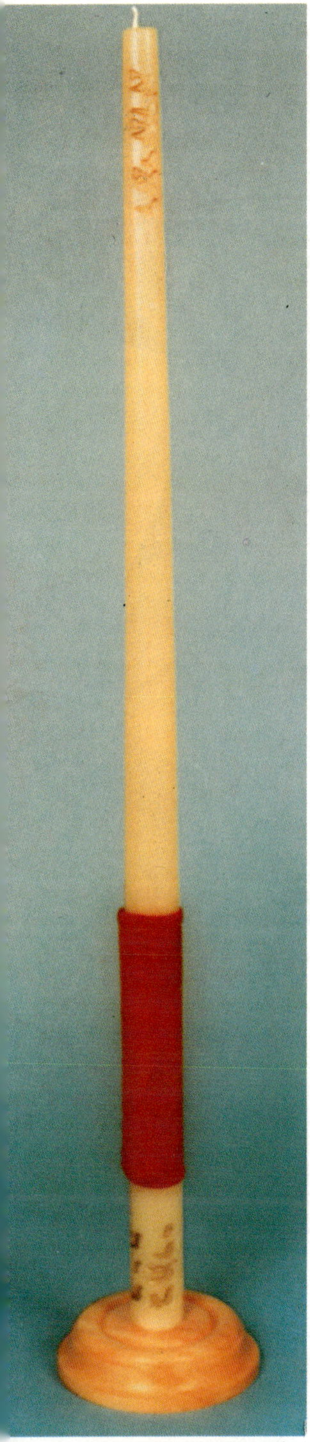

Ci-dessus : superbe candélabre magique de la sagesse et de la connaissance portant le nom d'Abramagnus. *Sur son cercle magique en cuivre et or mercuriel ont été incisés le Tétragramme et quatre talismans planétaires destinés à s'allier l'amitié des puissances auxquelles l'opérateur s'adresse lors de séances de spiritisme et de voyance : le talisman de Jupiter qui protège des influences astrales ; le talisman de Jupiter qui développe la voyance, le talisman de Mercure qui favorise la connaissance, le talisman de Mercure qui augmente les facultés intellectuelles. Le piédestal du candélabre est en bois de cèdre précieux, laqué noir ; à la bougie bleue, fabriquée en cire d'abeille vierge, ont été mélangées au moment de la fusion des essences orientales à effet hypnotique.*

Ce candélabre magique réalisé par Eliphas Levi, grand spécialiste de l'occultisme, est destiné à mettre l'esprit en harmonie avec les énergies de l'univers. Les symboles qui en font la beauté et la force d'expression ne sont pas seulement empruntés à la culture relative aux rituels de Salomon, ils sont également le fruit d'expériences personnelles transcendantales. Le pied représente la voûte céleste, le serpent qui se tient la queue entre les dents symbolise le début et la fin. Viennent ensuite l'androgyne qui embrasse l'univers puis deux sphynx soutenant neuf flammes : l'archétype de l'amour universel. Ce candélabre posé sur la nappe magique consacrée aux 22 puissances peut être utilisé avec les bougies planétaires (63, 9 par couleur).

Jolie version du candélabre de Eliphas Levi. Il est ici installé au milieu de la panoplie de l'opérateur de magie : boule de cristal, pendules de radiesthésiste et jeu de tarots permettant la voyance et la connaissance des faits sur lesquels il faut agir.

– napperons blancs en coton ou en lin ;
– épingles à têtes colorées ;
– sel marin ;
– gomme arabique.

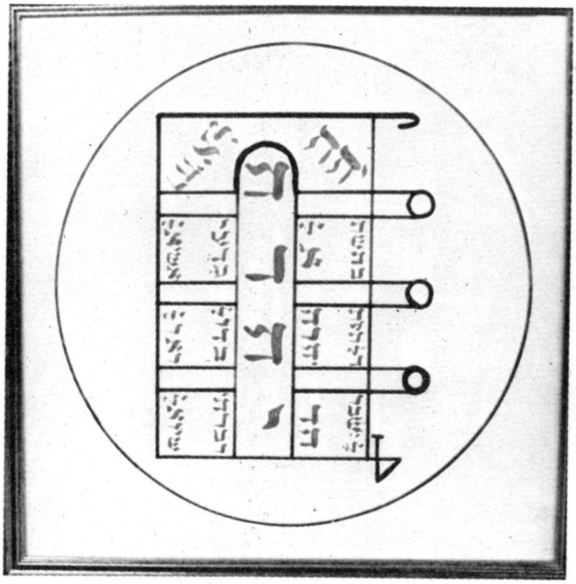

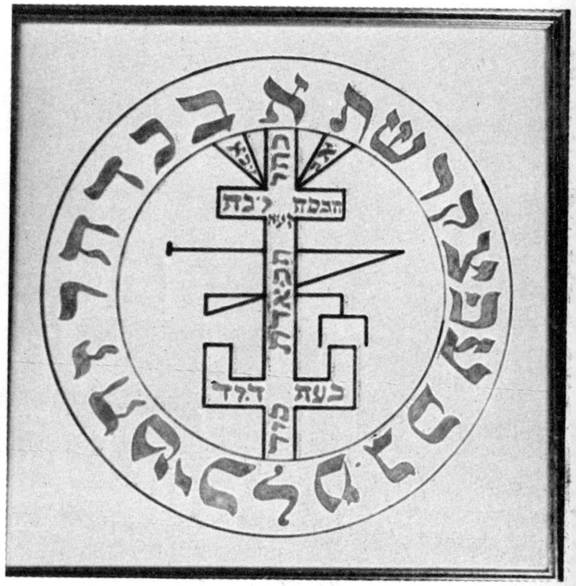

Triptyque universel de Salomon. Il est réalisé en parchemin et cuir, orné d'inscriptions à l'encre rouge et noire. Accroché au mur, à proximité du temple magique Athanor, il est utilisé au cours de cérémonies magiques et entre dans la préparation de talismans. Sans lui, pas de temple digne de ce nom, puisqu'il en matérialise les murs et symbolise la perfection divine représentée par le nombre 3. Cartomanciens, chiromanciens, voyants, médiums ou astrologues : aucun opérateur du domaine magique et ésotérique ne devrait en tout cas s'en passer parce qu'il constitue en effet le meilleur rempart contre les forces invisibles du mal.

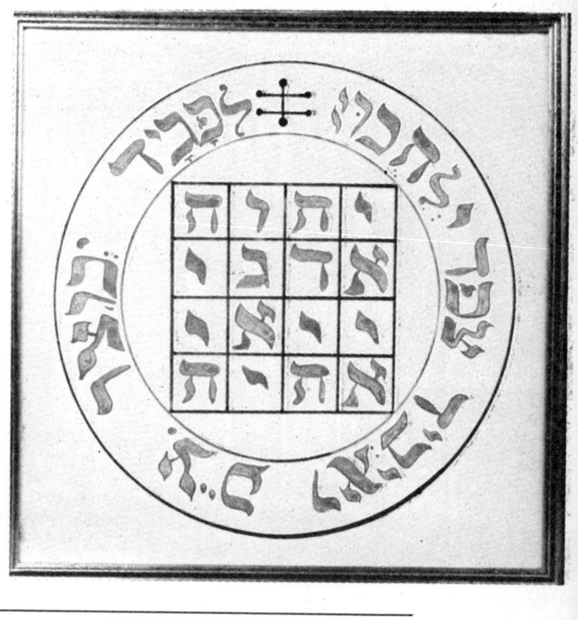

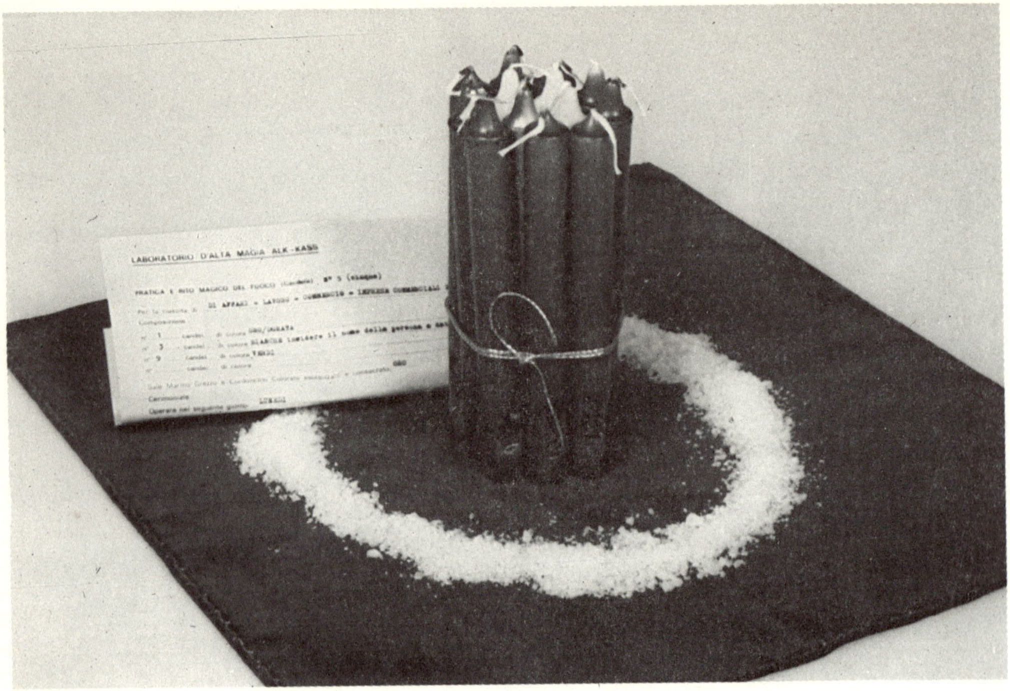

Bougies en cire d'abeille vierge, vertes, blanches et or, disposées au centre d'un cercle de sel marin (la forme circulaire est toujours protectrice) sur un petit tapis servant au déroulement de la cérémonie rituelle. La couleur des bougies laisse à penser que la cérémonie s'adresse au Soleil ou à Vénus et qu'elle vise à atteindre des objectifs très ambitieux dans le domaine social et à se protéger d'ennemis occultes.

Les bougies aux couleurs planétaires magiques s'utilisent aux jours et aux heures favorables à la planète qu'elles incarnent en fonction du résultat voulu. Les figurines, toujours réalisées en cire d'abeille vierge, ici teinte en rouge, représentent un homme et une femme; elles sont censées favoriser les relations amoureuses, les réconciliations ou encore les séparations. Les tablettes de cire peuvent être modelées au fur et à mesure des besoins de l'opérateur.

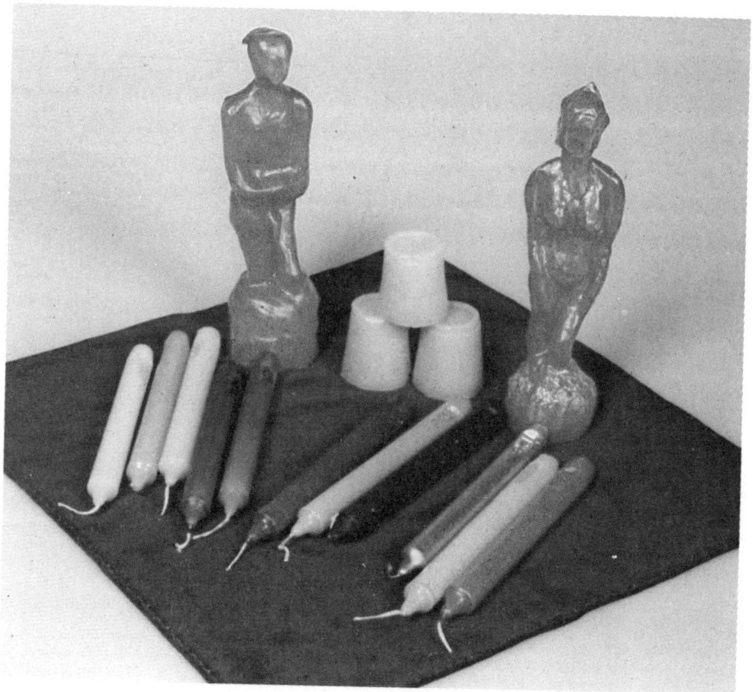

Panoplie complète pour la magie de l'encens. A gauche: encensoir classique à trois chaînettes servant à répandre le parfum de l'encens dans une pièce ou à purifier les fidèles. La boîte contient de l'encens et de la graphite noire utilisée pour brûler l'encens. Dessous: différentes sortes d'encens planétaire.

Set de fusains destinés à la fumigation, protégés de l'humidité par un papier d'étain et encens pouvant servir au même genre de cérémonie. A gauche : encens de magicien en grains. A droite : herbes magiques. Chacun pourrait confectionner soi-même herbes et encens s'il n'était pas aussi difficile de se procurer les ingrédients appropriés. Autant donc utiliser les sachets prêts à l'emploi préparés en laboratoires magiques spécialisés, comme celui du temple Alk-Kass.

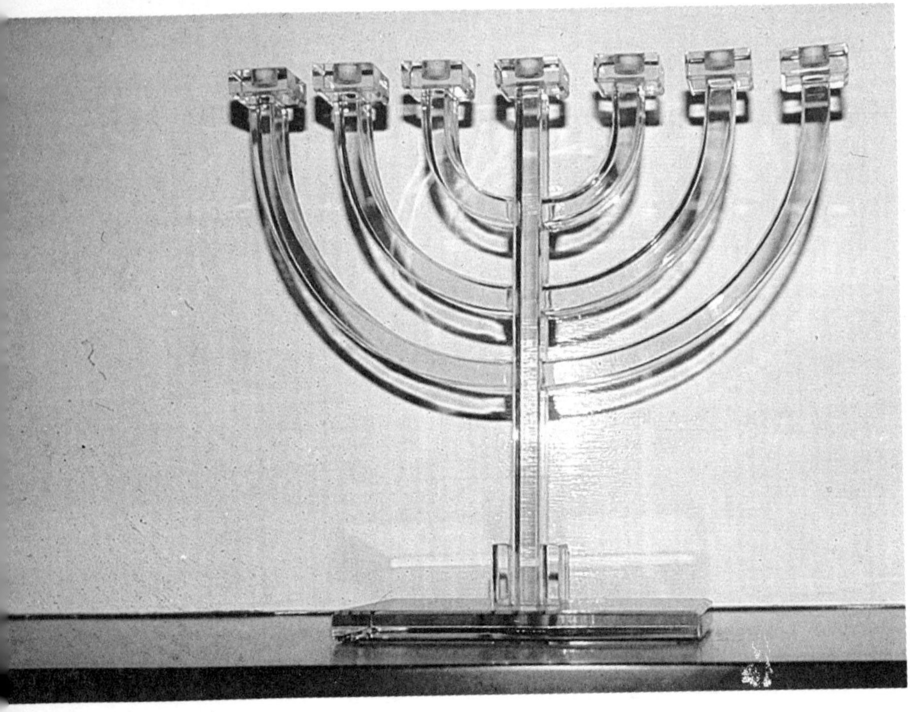

Superbe candélabre hébraïque « menorah » à sept branches, fabriqué en cristal. Il est destiné à favoriser l'harmonie avec les énergies de l'univers.

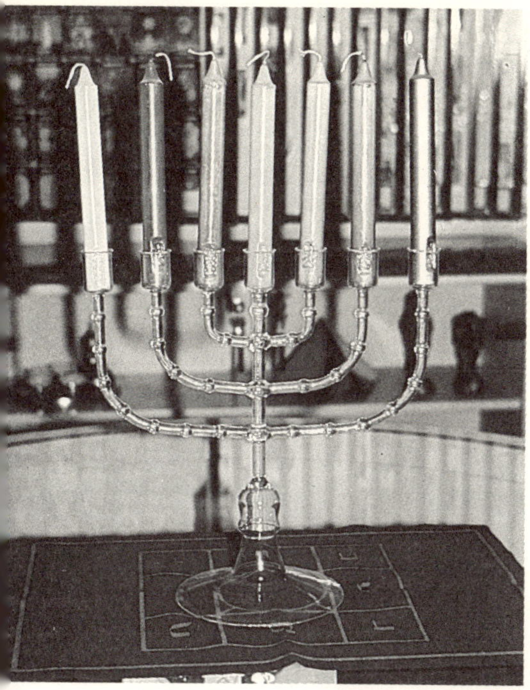

Ci-dessus, à gauche: autre type de candélabre à sept branches, toujours en cristal portant les sept bougies rituelles en cire d'abeille vierge correspondant aux planètes magiques.

Ci-dessus, à droite et ci-contre: les boules de cristal employées en voyance font surgir des images évocatrices. Tout opérateur de magie qui se respecte devrait y avoir recours pour franchir une étape de plus sur le chemin qui le mène à la connaissance.

Pyramides de Chéops de différentes tailles mais qui toutes respectent les proportions de la pyramide d'origine.

Tapis magique de drap noir orné du pentacle en or employé à l'endroit en magie positive et à l'envers en magie noire ou maléfique. Il est recommandé de l'utiliser en association avec les statuettes de cire.

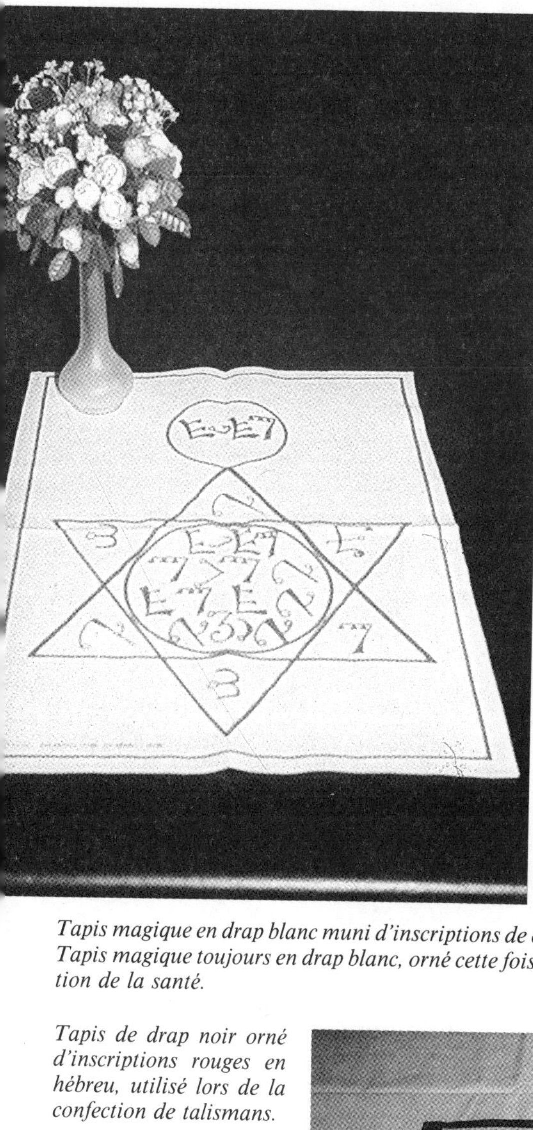

Tapis magique en drap blanc muni d'inscriptions de couleur rouge, destiné à conjurer sortilèges et mauvais œil. Tapis magique toujours en drap blanc, orné cette fois d'inscriptions de couleur bleue : il contribue à l'amélioration de la santé.

Tapis de drap noir orné d'inscriptions rouges en hébreu, utilisé lors de la confection de talismans.

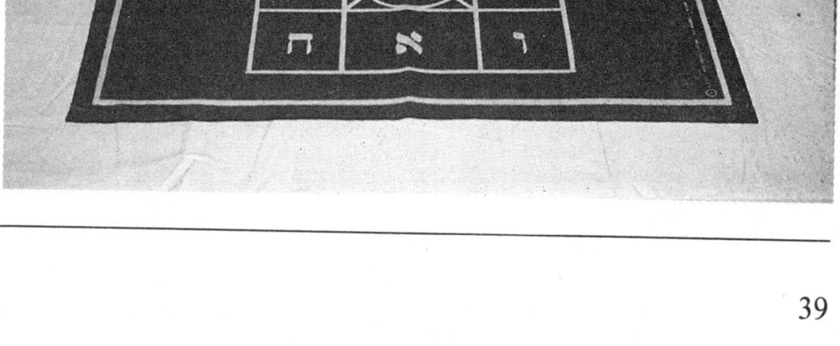

L'esprit et ses pouvoirs

Pensée positive et pensée négative

La pensée est ce mystère qui depuis toujours fascine les hommes et détermine presque tous leurs choix. Elle asservit la volonté pour arriver à ses fins et peut transformer les vibrations en positives ou négatives de façon quasiment magique, à la faveur d'un principe alchimique.
Etudions à présent son fonctionnement.
La pensée a son siège dans l'esprit qui dispose d'un moteur physique capable de développer les pensées: l'esprit est donc constitué d'énergie (la pensée) et de matière (le cerveau). Grâce à l'esprit[1] et sa constitution bipolaire (énergie-matière), la pensée peut donc agir aussi bien sur l'énergie que sur la matière.
Ce qui explique l'incapacité de produire une pensée positive lorsqu'une pensée extrêmement négative s'est emparée de l'esprit et finit par devenir obsessionnelle: les actions physiques s'en ressentent tellement que l'individu en proie à un tel état d'âme ne réussit plus à s'exprimer et à

[1] C'est l'action première qui produit l'effet, mais dans le cas de la vie et de la mort, comment définir exactement laquelle des deux conditionne l'autre puisque la vie existe dans la mesure où la mort existe, mais que la mort existe dans la mesure où la vie existe. Il est donc impossible d'affirmer avec certitude laquelle précède l'autre. Et le fait que la vie soit considérée comme le point de départ (donc à connotation positive) et la mort comme un effet inévitable (donc négatif) n'est qu'une question de perspective.

Mi-lion, mi-monstre, ces deux statuettes en jade flanquent habituellement les portes des temples bouddhistes ou shintoïstes. L'aspect monstrueux du lion est destiné à décourager les forces du mal et les esprits malins.

agir de façon cohérente. Ce principe bipolaire engendre un effet qui régit l'univers connu et notre existence. L'homme est en effet dominé par deux composantes vitales extrêmes : la vie et la mort. Lorsqu'il formule ses pensées, ces deux mécanismes sont présents simultanément : c'est la prédominance d'un mécanisme sur l'autre qui détermine la nature positive ou négative de l'expression humaine, autrement dit son optimisme ou son pessimisme.

Le choix de la positivité

Cette bipolarité vie-mort constitue le problème majeur auquel l'homme est confronté au moment d'exprimer ses pensées. Cette opposition permanente le met en proie à un perpétuel conflit intérieur. Ce phénomène appartient évidemment au domaine de l'inconscient; dans le cas contraire, il serait plus facile de transformer en pensée positive une pensée négative. Mais comme il se trouve que l'inconscient est lié au transcendantal dont dépend le principe de mort, il est difficile de transmuer ce lien naturel en principe de vie.

En outre, n'oublions pas qu'à l'instant présent, nous raisonnons et que si nous désirons lire et mettre en pratique un livre de magie, cela signifie que nous comptons dominer les éléments manifestes et occultes et exercer notre volonté sur tout ce qui nous importe. Il est donc très important de bien comprendre ce mécanisme de pensée négative/mort pour le transformer en pensée positive/vie.

Cette polarité trouve son équivalent dans les expressions de notre vie sociale: lorsqu'un sujet pensant utilise sa pensée de façon positive, c'est-à-dire optimiste, son inconscient le pousse à accomplir toute une série d'actions qui seront l'expression même de cette pensée optimiste. Il aura donc plus de chance qu'un individu qui formulerait ses pensées sous une forme négative, c'est-à-dire pessimiste.

Il est donc faux d'assimiler pessimisme et optimisme en les considérant comme les facettes opposées d'un même phénomène et de penser qu'ils ne se limitent qu'à l'expression de la pensée.

La somatisation de la négativité

La problématique liée à l'existence de ce principe ne se limite pas seulement aux actions qui s'expriment dans le domaine social de notre existence. Elle se confond parfaitement avec le principe de transformation que l'homme, toujours inconsciemment, applique lorsqu'après toute une série d'expériences et d'émotions négatives, il somatise le stress accumulé, engageant ainsi le processus de mort, même s'il ne s'en est pas rendu compte. La grande majorité des maladies connues sont en effet d'origine psychosomatique: autrement dit une cause d'origine psychologique entraîne un effet de nature somatique, c'est-à-dire physique.

Mais lorsqu'un individu se rend compte qu'il est atteint

d'une maladie psychosomatique, le principe de reconversion a beaucoup plus de mal à fonctionner en sens inverse ; il a alors besoin de traitements médicaux appropriés pour l'aider à guérir des affections provoquées par l'accumulation d'émotions négatives et à réamorcer le principe de vie.

Comme nous l'avons vu précédemment, la pensée agit sur l'énergie mais aussi sur la matière et influence donc très nettement les résultats matériels.

Mais l'homme peut nourrir en son for intérieur d'autres pensées négatives d'une autre nature : la haine, la peur, la vengeance inspirées soit par une injustice réellement subie ou un sentiment d'injustice non fondé ou encore une mauvaise interprétation de ses propres comportements et de ceux d'autrui.

L'action de la pensée

Un individu souvent en proie à la souffrance et à la négativité ne réussit pas toujours lui-même à comprendre ni surtout à accepter qu'il les a peut-être induites : il croit généralement jouer de malchance ou être victime d'intentions ou d'actions maléfiques. Une chose est sûre : il s'avère parfois nécessaire de laisser libre cours à ses pensées et à ses émotions négatives et ceci, quelle que soit leur origine.

Lorsque les circonstances l'exigeront, ne réprimez pas votre colère ; dosez-la plutôt, sans la laisser toutefois motiver vos actions si vous ne voulez pas être débordé par un désastre ressemblant en tout point à celui causé par les obsessions et les soucis.

Pour comprendre ce mécanisme, il suffit de penser que les parties consciente et inconsciente de notre psychisme sont en contact permanent et que la rancœur peut entraîner de nombreuses conséquences : cherchez dès à présent à transformer « comme par magie » vos pensées négatives en pensées positives en recourant également à la logique de l'amour qui vous protégera des sentiments agressifs que vous manifestez, sans vous en rendre compte, à l'égard des autres et de vous-même. En aimant, vous édifiez un rempart contre les peines ; l'amour est doué d'un pouvoir émotionnel tellement fort qu'il joue le rôle d'un facteur magique et transforme de manière alchimique les rapports entre notre corps et notre psychisme. N'avez-vous pas déjà remarqué que les personnes amoureuses paraissent plus jeunes et dynamiques ? Ne font-elles que le paraître, ne le sont-elles pas également ? Tombez amoureux, et vous le saurez.

La télépathie

La télépathie est certainement le phénomène le plus pratiqué des phénomènes paranormaux extra-sensoriels E.S.P ou « PSI » et son expression purement mentale lui confère un vaste champ d'applications.
La télépathie[1] correspond à la perception d'un contenu mental par l'intermédiaire d'un autre contenu mental. Il se manifeste à distance et n'a jamais, mis à part quelques rares exceptions, la possibilité de se transmettre dans le temps, même s'il arrive qu'il s'écoule quelques minutes entre la tranmission d'un message et sa réception. Le phénomène télépathique peut survenir à l'état de veille, au cours du sommeil, de transes, en état d'hypnose, spontanément ou non. On peut pratiquement définir la télépathie comme la faculté de communiquer avec les êtres vivants par l'esprit et non par le langage. Elle constitue le moyen de prendre connaissance ou de faire connaître des pensées et des actions sans passer par les sens habituels, sans intervention d'un raisonnement logique déductif ou inductif et naturellement sans faire appel à d'autres moyens de communication ou artifices.
Ce phénomène ne se limite pas à la communication entre les êtres vivants : c'est le cas lors de transes médiumniques individuelles, de séances de spiritisme ou de la réception de messages transcendantaux en état d'hypnose ou de transe. Lorsque le phénomène télépathique se produit spontanément, il peut se manifester de différentes manières :

- par des sensations vagues et indistinctes, parfois peu agréables qui peuvent provoquer un malaise ;

[1] Voir le livre de V. Sanfo, *Guide pratique de la télépathie*, éditions De Vecchi, 1986.

- par des sensations moins vagues pouvant évoquer une ou plusieurs personnes et/ou des faits les concernant ;
- par une perception plus nette de détails se référant à une ou plusieurs personnes et/ou de faits les concernant ; parfois, ces faits prennent un détour symbolique ou sont déformés par l'inconscient qui en refuse la perception ;
- par la perception en dehors de la réalité (dans un état proche de l'hallucination) d'expériences se rapportant à des personnes et/ou des faits les concernant, vécues comme s'il s'agissait d'expériences personnelles, et s'imposant parfois de façon photographique, c'est-à-dire avec une profusion de détails : c'est notamment le cas des songes télépathiques ;
- par la perception hors de soi d'expériences se référant, comme dans les autres cas à des personnes et/ou à des faits les concernant. Télépathiques, elles peuvent aller jusqu'aux phénomènes de bilocation ou de voyance ou se produire lors d'un songe de type hypnotique ou médiumnique.

Ces formes spontanées s'obtiennent également en faisant usage de la volonté, avec bien des difficultés à la clef, précisons-le. Ceux qui réussiront dans cette voie pourront par la suite appliquer ces facultés ainsi obtenues à la magie, nous y reviendrons dans les chapitres suivants.
Le terme « télépathie » fut inventé par l'Anglais F.W.H. Meyers (1843-1901), helléniste et latiniste renommé, poète et homme de lettres ainsi que fondateur, entre autres activités, de la société S.P.R de Londres (Society for Psychical Research). Mais c'est J.B. Rhine (1895-1980), un parapsychologue américain très célèbre qui s'attaqua à l'étude expérimentale de la télépathie en employant pour méthode l'analyse statistique des probabilités. Diplômé en sciences, philosophie et psychologie, il dirigea le laboratoire de parapsychologie à l'université Duke de Durham, en Caroline du Nord. Il eut surtout recours aux cartes de Zener (du nom de leur inventeur), portant 5 symboles géométriques extrêmement simples se répétant cinq fois dans le jeu de cartes. En vertu de la loi sur les probabilités, chacun a, par jeu de 25 cartes, la possibilité de faire cinq prédictions justes qui ne résultent que du hasard. Puisqu'on peut une fois sur cinq deviner par hasard un symbole, on

SYMBOLES DE LA CARTE DE ZENER

1. Un cercle

2. Une croix

3. Une onde ou un triangle

4. Un carré

5. Une étoile

obtient, en multipliant ce résultat par cinq (les symboles se répétant cinq fois), un pourcentage de réussite égal à 20 % (1/5 du total des cartes).

Pour pratiquer cette expérience, il faut obligatoirement être deux : le contenu mental qui doit être reçu ne peut arriver à destination que s'il est connu du sujet qui transmet le message.
Le sujet qui transmet les messages télépathiques est appelé agent ou émetteur (il s'agit dans notre cas du futur mage) ; celui qui les reçoit, récepteur. Notre expérience fera évidemment appel aux symboles contenus dans les cartes de Zener.

• Normalement, pour des raisons de commodité, l'agent ou émetteur (le futur mage en l'occurrence) et le récepteur se font face de façon à ce que les cartes de Zener soient soustraites du champ de vision du récepteur.

• Le jeu de cartes est battu à plusieurs reprises par l'agent qui se charge de transmettre par la pensée au récepteur les symboles dessinés sur les cartes de Zener, dans l'ordre de leur sortie.

• Dès réception du symbole, le récepteur le transcrit sur une feuille posée devant lui, en respectant l'ordre dans lequel il a perçu la séquence.

• Pour terminer, on confrontera les cartes en possession de l'émetteur aux symboles représentés par le sujet récepteur. Les résultats de l'expérience ne se contrôlent qu'après tirage de toutes les cartes et non pas carte après carte.

Les symboles étant au nombre de cinq, on met la perception de cinq cartes en moyenne sur vingt-cinq sur le compte du hasard : chacun a donc une possibilité sur cinq de capter par hasard le symbole transmis.
Au-delà de ce nombre, on peut évaluer l'étendue des dons télépathiques de l'aspirant mage.
Mais sachez que la pratique de la télépathie est très ardue : en magie, ce ne sont pas les rituels, quoique contraignants,

qui constituent la difficulté majeure mais bien l'esprit, qui risque de ne pas produire les effets voulus. Armez-vous donc d'une bonne dose de patience et ne capitulez pas au premier échec.
Un athlète n'a-t-il pas besoin d'un entraînement très soutenu avant de remporter une compétition ? Songez qu'il en va de même pour l'esprit. Et le mage ne peut se dispenser de cet exercice. Sinon, cela ne fait que prouver que sa volonté pèse peu en regard de la nature qu'il veut dominer. S'il baisse les bras dès les premières difficultés, comment peut-il espérer triompher de toutes les embûches qui le guettent ?
Cette expérience sert à connaître et à améliorer ses facultés intellectuelles et télépathiques ; elle peut être pratiquée par tous et contrairement à d'autres disciplines scientifiques, elle n'est pas onéreuse.
En développant ses propres facultés télépathiques, on développe en même temps d'autres facultés de type paranormal.
La télépathie est le premier phénomène « PSI » qu'un sensitif découvre en lui mais il est rarement le seul.
Un mage en effet doit également faire preuve de clairvoyance et de précognition mais c'est surtout en s'exerçant à utiliser son esprit qu'il y réussira.

La psychométrie

Ce phénomène désigne la faculté de connaître l'histoire et la composition intime d'un objet par le contact avec ce même objet, même enfermé dans une boîte ou enveloppé dans du papier. En effet, par simple effleurement d'un objet (ou d'un lieu) avec les mains ou le front, le médium peut avoir une sorte de vision lui permettant de reconstituer une partie de la vie et des événements se rapportant à cet objet (ou lieu) ou à son propriétaire.
Le terme de « psychométrie », forgé par J. R. Buchanan (1804-1899), un physiologiste originaire de Boston (Etats-Unis), professeur auprès de plusieurs universités, avec l'aide de son gendre W. Denton, géologue, possède de nombreux synonymes :

métagnomie tactile
psychoscopie
cryptesthésie
rétrocognition
pragmancie
télesthésie rétrocognitive

Les visions et les perceptions des sensitifs se réfèrent à la structure physique d'un objet ou à son histoire, à son lieu d'origine, aux personnes ayant été à son contact, qu'elles l'aient ou non possédé.

Comme pour la télépathie, le phénomène psychométrique se produit spontanément ou au cours d'expériences, en état conscient ou non : transe ou transe profonde, hypnose ou sommeil.

Je recommande aux passionnés de ce phénomène la lecture du livre suivant : *Les Mystères de la psychométrie*, de A. Pagenstecher, éminent médecin de Mexico qui soigna au cours de l'année 1919 Maria Reyes de Zierold, patiente affligée de maux innombrables, dont une insomnie aiguë qu'il réussit à réduire. Cette malheureuse n'arrivait pas à dormir plus de deux heures par nuit et au terme de séances d'hypnose et d'inductions posthypnotiques, Pagenstecher réussit à faire disparaître une grande partie de ses troubles neuro-végétatifs. C'est précisément au cours de ces séances que les premiers phénomènes paranormaux commencèrent à se produire : cette patiente voyait à travers les murs et faisait preuve d'un don de voyance prononcé. Evidemment très intrigué, le médecin commença à procéder à des expériences de psychométrie ; c'est alors que se produisit un phénomène très intéressant d'« identification-psychométrique » : la femme ne faisait pratiquement plus qu'un avec l'objet, elle ressentait physiquement tout ce que l'objet subissait. Il va de soi qu'en vertu du dualisme universel déjà cité, le contraire est également possible : on peut se servir de la pensée pour localiser les forces présentes dans la nature et intervenir sur la matière pour en modifier les effets.

Méthodes d'expérimentation psychométrique

Pour faciliter l'expérimentation psychométrique et contrôler que le phénomène s'est réellement produit, il est conseillé de prendre des objets dont l'histoire est vérifiable. Plutôt qu'un simple appui ou inducteur, on doit voir l'objet comme une clef permettant d'ouvrir une porte métaphysique que seuls quelques-uns sont capables de franchir.

• Demandez à un ami d'enfermer dans une boîte un petit objet dont vous devez tout ignorer puis procédez comme suit :
- prenez la boîte dans vos mains et essayez de deviner son contenu en vous concentrant le plus possible, faisant pour cela abstraction de tout le reste (bruits et objets présents dans la pièce).

• Saisissez un objet qui vous a été donné par quelqu'un qui en connaît bien l'histoire. Concentrez-vous pour essayer de la reconstituer. Vérifiez l'exactitude de votre perception.

• Procédez à ce même type d'expérience avec un groupe de personnes. Chacune d'elles aura posé sur la table un objet personnel sans en révéler l'appartenance :
- saisissez chaque objet tour à tour et essayez de deviner son propriétaire ;
- si vous y réussissez, continuez et essayez alors d'en deviner l'histoire.

• Si vous voulez connaître le phénomène d'identification psychométrique, objectif primordial de votre parcours d'aspirant-mage, utilisez des objets avec lesquels vous avez l'impression de vous fondre lorsque vous vous concentrez :

- vous devez imaginer que vous êtes l'objet, que vous ne faites plus qu'un avec lui ;
- pour réussir à devenir l'objet, imaginez que vous êtes transparent et que vous flottez au-dessus de cet objet devenu à son tour transparent ;
- au terme de cette double visualisation, produisez-en une autre résultant de la superposition suivie de la fusion de ces deux images transparentes mais visibles.
- vous êtes l'objet, l'objet fait partie de vous ; si vous réussissez à accomplir cette fusion mentale, vous êtes sur la bonne voie.

• Faites-vous ensuite seconder par un ami qui procédera de la façon suivante :
- il saisira l'objet et se rendra dans une autre pièce ;
- afin de ne pas vous influencer, il soumettra l'objet à des traitements dont vous n'aurez pas au préalable mis au point la nature ou l'ordre des séquences ;
- il pourra par exemple le placer près d'une source de chaleur, le mettre au réfrigérateur, le frapper à plusieurs reprises, le frotter, le couvrir, le tapoter, l'inciser avec un couteau, le plonger dans une cuvette d'eau ou encore l'exposer sur le rebord de la fenêtre au vent ou bien à la pluie, etc. ;
- à la suite de cela, vous décrirez soigneusement les sensations que vous avez perçues et contrôlerez qu'elles correspondent bien à la réalité et ne sont pas uniquement le fruit de votre imagination. Vous veillerez donc à bien obéir à un souci de vérité.

L'univers est dualiste, ne l'oubliez pas. L'endroit comporte un envers, le haut n'existe pas sans le bas, le bien sans le mal, l'entrée sans la sortie. Recourez avant tout à cette expérience pour sentir les énergies des choses qui vous entourent et les influencer. Si vous y réussissez, vous serez capable de pénétrer l'âme des forces énergétiques et d'agir sur elles de sorte à les soumettre à votre volonté. Les pierres dures conviennent très bien à ce genre d'exercice : elles émettent une vibration naturelle qui permet la symbiose avec les personnes les plus sensibles, les plus indiquées étant les cristaux naturels comme les quartz et autres pierres similaires.

Pour une meilleure symbiose avec les pierres utilisées en psychométrie, utilisez celles qui sont liées à votre thème de nativité en tenant compte principalement des trois éléments suivants :

- le ciel de naissance, c'est-à-dire le signe sous lequel vous êtes né ;
- l'Ascendant (par rapport à la constellation où il se trouve) ;
- la position de la Lune par rapport à sa constellation.

Méthodes d'enquête

La cartomancie

La cartomancie[1] est un art essentiellement divinatoire qui se met en place par contact télépathique et précognitif entre un cartomancien et son consultant. Ce contact se produit grâce à l'instauration d'une chaîne magique ou fluidique qui, assortie de la symbolique des cartes, permet de voir se dérouler en dehors du temps et de l'espace des événements concernant le consultant.
Pour l'expliquer, nous nous appuierons sur le tarot[2] doté de 22 arcanes majeurs, cartes qui ont donné lieu à de véritables chef-d'œuvres iconographiques au cours des siècles passés. A l'heure actuelle, grâce à leurs figures très évocatrices, les tarots sont d'un usage très répandu.
Les cartes du tarot ont été magistralement interprétées par Oswald Wirth qui développa sa propre méthode divinatoire en se servant également des arcanes mineurs. Mais pour des raisons d'ordre purement pratique, je me limiterai dans cet ouvrage à vous indiquer une méthode beaucoup plus facile à appliquer.

[1] Pour approfondir ce sujet, vous pouvez consulter le livre de S. Nelson, *Le Futur révélé par les cartes*, publié par les éditions De Vecchi.

[2] Voir aussi, aux éditions De Vecchi, V. Sanfo, *Les Tarots divinatoires*; F. Feslikenian et M. Picollo, *L'Avenir révélé par les tarots*; L. Beni, *Votre Destinée par les tarots*, et G. Ugerin, *Connaître, comprendre et agir par les Tarots de Marseille*.

• Formulez ou faites formuler par la personne intéressée une question à laquelle elle désire obtenir réponse.

• Ecrivez sur une feuille 3 chiffres choisis au hasard entre 1 et 1000, instinctivement, en toute spontanéité.

• Ajoutez-les de façon à obtenir un total ne dépassant pas 22.

Exemples

J'aimerais savoir si la personne que j'aime me correspond...

$$\begin{array}{r} 3 \\ +\ 87 \\ \underline{+322} \\ =412 \end{array} = 4 + 1 + 2 = 7$$

Le chiffre obtenu est 7. Reportez-vous à la signification de la VIIe carte, *Le chariot*, et vous trouverez la réponse que vous pourrez interpréter de façon positive puisque la carte indique une réponse positive et confirme le désir du consultant.

Vais-je trouver du travail ?

$$\begin{array}{r} 10 \\ +\ 2 \\ \underline{+\ 9} \\ =21 \end{array}$$

Etant inférieur à 22, le total obtenu tient lieu de réponse.

Comme dans le cas précédent, lisez la carte XXI, *Le monde.* Elle vous indiquera que la situation se présente sous un jour extrêmement favorable: le consultant trouvera un travail qui dépasse ses espérances.

J'ai été abandonnée par l'homme que j'aime; c'est la quatrième fois que je me retrouve dans cette situation: est-ce de ma faute ou cela dépend-t-il de mon destin ou de mon karma?

$$\begin{array}{r} 77 \\ +\ 44 \\ +\ 22 \\ \hline =143 \end{array} = 1 + 4 + 3 = 8$$

La carte numéro VIII, *La justice,* vient confirmer ce soupçon: elle indique en effet que l'événement funeste ne dépend pas de la volonté ou du comportement de la personne qui en subit les conséquences. A ce stade, le recours à la magie s'avère très délicat.

Puis-je résoudre ce problème avec un talisman?

$$\begin{array}{r} 28 \\ +33 \\ +\ 8 \\ \hline =69 \end{array} = 6 + 9 = 15$$

La carte XV apporte la réponse: comme il s'agit du *diable,* cela signifie probablement qu'un talisman ne suffira pas à résoudre le problème mais que le sujet devra accepter la situation sans avoir recours à la magie.
Naturellement, je ne vous présente ici qu'une palette très réduite d'exemples. Toute question peut obtenir réponse. Il suffit pour cela qu'elle soit posée clairement, sans ambiguïté, de façon concise et complète; dans le cas contraire, vous ne pourriez découvrir l'arcane.

LE BATELEUR

I - Le bateleur

Une carte où la force et la créativité ont la part belle, où le début de toutes choses est envisagé comme cause première et esprit intelligent de portée universelle.
Toute action menée a de fortes chances d'être conduite à son terme avec succès, que ce soit dans le domaine des affaires ou celui des sentiments, même si cela nécessite le recours à des astuces et des stratagèmes très inventifs vécus en tout égoïsme et sans le moindre scrupule.
C'est le moment d'agir, sans plus attendre. Appliquée à la magie, cette carte indique que vous pouvez agir immédiatement pour obtenir le résultat désiré.

LA PAPESSE

II - La papesse

Cette carte est dotée de tous les symptômes de la rigueur et de la sévérité. Elle régit avec discernement la morale commune et pousse à faire preuve de bon sens. Conscience et sens du devoir, telles sont les prérogatives de cette carte. Appliquée au domaine sentimental, financier et social, elle est porteuse de présages favorables. Les projets ont toutes les chances d'aboutir puisqu'ils ont vu le jour sous une bonne étoile : la caution morale de cette carte en est la preuve indiscutable. Le recours à la magie ne s'imposera donc que s'il est vraiment nécessaire, il risquerait sinon de compromettre les résultats escomptés.

L'IMPÉRATRICE

III - L'impératrice

L'impératrice exprime l'intelligence au féminin, empreinte d'idéalisme et de sensibilité. Mais la pensée n'est pas encore arrivée à sa pleine expression et manque donc de rationalité. La réflexion s'impose, il faudra chercher la vérité cachée au fond des choses dont l'apparence ne correspond pas toujours à la réalité.
La réponse sera positive à partir du moment où le consul-

tant saura se départir d'un excès d'idéalisme pour faire preuve de rationalisme.
La tendance à tout envisager sous un angle trop subjectif peut induire en erreur; ce n'est donc certainement pas la magie qui résoudra le problème, mais une bonne dose de raison et d'objectivité, qualités qui, comme l'indique la carte, font défaut.

IV - L'empereur

L'empereur est l'expression parfaite du pouvoir terrestre; il offre la possibilité d'agir sur les choses qui nous entourent, à condition que nous comprenions les mécanismes inhérents à la force de volonté.
La concentration et le feu intérieur confèrent la connaissance et la confiance en ses propres possibilités et donnent l'impulsion nécessaire pour obtenir juste ce qu'il faut, sans gaspillage inutile, sans recherche du superflu; il est impossible de gaspiller ce pouvoir, tout homme capable d'en user doit le respecter.
Allez donc droit au but, sans vous perdre dans des futilités et vanités et utilisez les pouvoirs que la magie vous confère, mais souvenez-vous que vous n'êtes le maître ni de l'univers ni de la vie d'autrui.

V - Le pape

Le pape possède la sagesse. C'est la pensée créatrice et le verbe qu'on interroge pour obtenir des éclaircissements. Cette carte est porteuse de valeurs très positives et traditionnelles, elle met l'accent sur la valeur de l'historicité des événements qu'il faut vivre non pas impulsivement mais en toute connaissance de cause.
La connaissance débarrassée de toute ostentation et la modestie sont les clefs de la réussite et c'est en suivant les conseils prônés par les qualités symbolisées par cette carte qu'on aura toutes les chances d'atteindre l'objectif voulu. A vous de juger s'il n'existe pas d'autres moyens que la magie permettant au consultant d'obtenir satisfaction.

VI – L'amoureux

Confiance et assurance en ses propres moyens, capacité d'affronter avec optimisme les épreuves qui nous attendent, possibilité de vivre de nouvelles rencontres et de nouvelles situations inattendues.
Sentiment du beau et du plaisir sous toutes ses formes et dans toutes ses expressions. Ce sera donc une excellente chose d'affronter toutes les situations que nous avons choisies avec cet état d'esprit ; nous serons certains du succès.
Les dangers peuvent provenir d'un amour excessif du plaisir, à cause duquel nous pouvons nous trouver impliqués dans des situations d'infidélité. En magie, cette carte n'est pas très opérationnelle et indique que le sujet doit avoir davantage confiance en lui-même et dans ses propres forces pour arriver à la solution de ses problèmes.

VII – Le chariot

Quels que soient vos projets, ils se présentent sous le signe de la réussite et le triomphe en sera le but final.
Nous sommes ici en mesure d'exprimer notre supériorité sur nous-mêmes et la capacité de dominer les situations pour les faire évoluer vers le résultat, sous la direction de l'intelligence. Des qualités de diplomatie et l'habileté dans l'action s'associent en un cocktail victorieux, mais s'il manque la capacité de coordonner correctement ces qualités, on pourra courir le risque de rester sur ses positions actuelles sans obtenir le résultat escompté.
Que ce soit en magie ou dans les actions normales, il faut doser les actions et l'effort, faute de quoi les deux sphinx qui tirent le chariot iront dans des directions opposées et on n'obtiendra aucun résultat.

VIII – La justice

Cette carte exprime l'enchaînement logique et harmonieux des événements qui s'articulent dans le temps, afin que la personne puisse obtenir exactement, avec équité, ce qui est le produit de ses choix et de ses actions.

Que le résultat soit juste ou faux, il sera le fruit de décisions qui ont été prises précédemment et cela sera toujours bénéfique pour le consultant puisque lui-même n'accepterait pas des résultats obtenus avec ruse ou tromperie. C'est le cas de dire « Qui sème le vent récolte la tempête... » Faites les bonnes opérations et vous aurez les réactions que vous désirez. Cette carte déconseille l'utilisation de la magie, puisqu'elle indique que les choix faits dans le passé ont été erronés et donc qu'en forçant les événements à venir, on pourrait obtenir des dommages importants dans le futur.

IX - L'ermite

Soyez prudent et ne vous lancez pas à corps perdu dans la situation que vous êtes en train de vivre, puisque cette carte conseille la prudence et exprime dans sa notion le concept d'occultisme et de secret.
C'est la trame invisible de l'organisme qui est encore à fabriquer, c'est le patrimoine génétique qui vient du passé, mais pour qu'il s'accomplisse, son exécution requiert une immense précision et cela va de pair avec la lenteur et la patience.
Vous pourrez obtenir ce que vous désirez uniquement en ne brûlant pas les étapes et en ne forçant pas la volonté : ceci vaut pour chaque circonstance que vous êtes en train d'analyser. Donc, même en magie, il faut de la prudence et de la patience, surtout parce que les temps de réaction prévus par cette carte sont très longs.

X - La roue de la Fortune

Nous sommes entrés dans le règne de la souveraineté et du pouvoir, que nous pouvons obtenir en jouant bien nos cartes, exactement comme ce qui pourrait arriver devant une roulette.
Le moment se présente comme extrêmement favorable et nous devons saisir au vol la chance qui nous est offerte, l'attraper sans hésitation et sans peur de courir des risques

qui, de plus, sont pratiquement inexistants si cette carte nous est apparue au premier coup.
Si nous l'avons obtenue après plusieurs tentatives, cela vaut quand même la peine de tenter la chance parce qu'il est prouvé que la constance paie.
Si cette carte sort, le consultant n'aura pas besoin de recourir à la magie pour obtenir le résultat espéré, parce qu'elle révèle qu'il sera aidé par la déesse aux yeux bandés: la Chance.

XI - La force

La circonstance que vous êtes en train d'analyser est chargée de situations alternatives où s'expriment les dualismes de l'existence, et tant la matière que l'esprit ont chaque fois une importance primordiale. Les objectifs peuvent être atteints et les résultats obtenus, mais au prix de grands efforts et en courant de sérieux dangers. Si l'énergie psychique s'exerce dans le but d'utiliser l'intelligence, en laissant de côté les instincts pour faire prévaloir la raison, vous aurez de meilleures possibilités d'obtenir les résultats que vous désirez.
Dans un cas contraire, abandonnez vos espoirs car ce ne sera assurément pas l'ego qui va prévaloir, mais l'amour d'autrui, et en conséquence la magie ne pourra pas s'exprimer d'une façon assez importante, mais le sujet devra faire pression surtout sur lui-même et ses propres forces.

XII - Le pendu

La lutte qui vous attend est ardue, chargée de sacrifices et d'abnégation, mais ce n'est pas pour autant qu'elle conduit à la réalisation de vos propres intentions. Des sacrifices et des souffrances vous attendent, mais l'absence de progrès pourra vous amener à renoncer.
Vous êtes à un point mort, un moment particulier où tout semble s'arrêter et où ce que vous désirez paraît toujours plus éloigné, mais vous ne pouvez qu'espérer.
La sublimation de nos instincts, et le sacrifice de ce que nous voudrions avoir et ne pouvons pas obtenir, peut

aboutir dans le temps à d'autres types de résultats qui ne sont pas ceux qui ont été formulés dans la demande.
Cette carte montre que vous êtes entré dans une situation de pensée négative et que donc vos pensées doivent se modifier; faute de quoi vous ne pouvez même pas espérer d'avoir recours à la magie.

XIII - La mort

Cette carte représente le principe de la transformation de toute chose et conduit, à travers cette métamorphose, à un renouveau.
Vous aurez la possibilité de connaître la réalité sans les voiles trompeurs de l'hypocrisie et de la respectabilité, la réalité sera dépouillée de tout ornement superflu et trompeur; pour cela, vous pourrez agir avec bon sens et détaché de vos émotions. Ceci signifie que chaque chose est menée à terme, pour renaître sous d'autres apparences: c'est ce qui vous attend. Un moment de votre existence s'achève d'une façon inattendue et peut-être brusque, mais il s'en prépare un autre et cela veut dire que vous n'aurez pas besoin de recourir à des interventions magiques, mais que vous devrez laisser faire les événements.

XIV - La tempérance

Cette carte exprime la sérénité de l'esprit, qui arrive à s'élever au-dessus des misères humaines. Elle indique la capacité à concilier de nombreuses qualités, entre autres la patience et l'énergie médiatrice de la nature, sans pour cela agir d'une manière trop active.
La personne ou la situation à laquelle elle se réfère se présente comme dénuée d'ambitions excessives, mais capable de s'interposer au milieu des forces naturelles qui existent en chaque organisme vivant, parmi lesquelles la thaumaturgie, c'est-à-dire la capacité de soigner et soulager tous les maux. L'esprit d'adaptation, la souplesse rendent possible chaque situation: la magie ne sera certainement pas la solution adaptée pour résoudre le problème qui se présente, mais la solution reposera sur une vigoureuse pensée philosophique.

XV – Le diable

Représente l'instinct, l'inconscient, les forces occultes liées à l'animalité de l'homme et à ses passions.
Les résultats qu'on désire ne sont pas faciles à obtenir, parce que les actions qui sont menées à terme ne sont pas influencées par la rationalité.
Les passions exprimées avec cette carte sont irrésistibles et dangereuses, dénuées de sécurité et de stabilité.
Le trop grand désir de ce qu'on veut obtenir peut conduire vers des pertes déjà prévues, pour lesquelles il vaudra mieux être prudent et prendre un léger recul pour exprimer ses intentions. En outre cette carte indique que vous avez été l'objet d'intentions malveillantes et que vos actions sont aidées et protégées, mais la magie doit servir seulement à protéger et défendre, non à attaquer.

XVI – La tour ou la maison Dieu

Vous êtes en présence d'événements néfastes et vous courez le risque de voir s'écrouler chacune de vos aspirations. En particulier, les mauvaises pensées et les événements contraires s'expriment d'une manière vraiment nocive.
Le sujet vous a fasciné, mais vous n'avez pas su prendre un détachement convenable et ceci peut vous occasionner de sérieux regrets.
Gardez à l'esprit que tout ce qui concerne l'homme est en mouvement incessant et que rien n'est stable ni éternel, à moins que vous ne soyez capable de vous adapter aux changements progressifs inhérents à l'évolution naturelle des choses, qui parfois n'est pas seulement de nature positive, mais également de nature défaitiste. Le recours à la magie dans ce cas est utile seulement comme défense et construction d'une psyché et d'un caractère plus fort.

XVII – Les étoiles

L'espoir et la foi sont les particularités les plus incisives de cette carte, l'amour du beau et le sens esthétique des choses se lient au désir de l'homme d'améliorer sa propre existence.

La carte est de bon augure et conduit vers la réalisation. Les perspectives sont brillantes et peuvent même dépasser les aspirations, en fait l'esprit innovateur de la carte permet de dépasser ses propres exigences. Les étoiles, au sens des astres, sont les amies de cette carte, et influencent d'une manière bénéfique la route du consultant, pour lequel même une action magique peut obtenir de brillants résultats.

XVIII - La lune

C'est la réalité illusoire qui tombe sous nos yeux, pour les Indiens, c'est Maya qui préside à la tromperie coutumière, à l'illusion exprimée par la matière.
La situation qu'on devra affronter est en train de traverser une période au cours de laquelle les tromperies sont à l'ordre du jour et où il est très facile de se laisser prendre au piège et de juger les faits de façon erronée.
Les influences sont négatives et le désordre est ce qui domine, même si on réussit difficilement à l'accepter.
La situation et les personnes qui nous intéressent ne sont pas sincères et nous ne savons pas nous soustraire au danger qui nous guette.
En ce qui concerne les caractères négatifs, la carte indique une présence massive de pensées négatives comme : l'envie, le dénigrement, la jalousie et la méchanceté.
Pour la magie, elle invite à la prudence et à ne pas se livrer à des actions exagérément hasardeuses, du fait du peu de clarté qu'elle comporte.

XIX - Le soleil

Le succès vous attend, l'issue de vos projets est favorable, mais vous devez faire attention à ne pas chercher à modifier les situations plus que de raisonnable.
Si vous n'abusez pas de la bonne position astrale qui vous aide, vous pourrez récolter des plaisirs et des joies quotidiennes qui vous feront également arriver aux résultats escomptés.
La carte contient aussi les symboles aptes à réaliser des as-

sociations et des mariages, des œuvres d'art et des œuvres sociales, ainsi que la capacité d'accepter la vie comme elle se présente et d'être heureux.
La personne qui obtient cette carte avec les nombres n'est pas l'objet de mauvaises pensées ou du mauvais œil, comme indiqué avant, mais doit accepter la réalité telle qu'elle se présente et lutter uniquement avec ses propres forces : elle aura certainement raison.

XX - Le jugement ou l'ange

Cette carte conduit à des choix élevés du point de vue spirituel : c'est l'initiation extrême, c'est l'homme qui communique avec le divin et peut être un prophète ; en conséquence il met en mouvement des situations qui peuvent même sembler inattendues, qui s'expriment tant dans le bien que dans le mal.
L'événement qui s'annonce est donc imprévu, sans lien avec les précédents, et il ne peut pas être connu seulement avec cette carte, mais il faudra répéter le jeu des nombres pour approfondir le sujet qui vous tient à cœur. Cela signifie également des nouveautés imminentes.
Du point de vue de la magie, il est bien de ne pas se hasarder à faire des choix avec cette carte seule pour répondre aux questions que l'on se pose.

XXI - Le monde

C'est la carte peut-être la plus bénéfique de toutes, parce qu'elle signifie littéralement : cosmos, univers, règne de Dieu, temple idéal, totalité, perfection, science et connaissance intégrale, puissance spirituelle et extase.
C'est l'apothéose de toute chose et elle prévoit le succès de toute initiative, donne la sécurité au consultant et le récompense de ses choix. La réussite sera complète et l'œuvre entreprise sera couronnée de succès, ne craignez donc pas les obstacles car vous saurez les franchir.
Cette carte indique que vous ne devrez probablement pas avoir recours à l'usage de la magie, mais si vous le faites, vous aurez le succès annoncé ; par ailleurs elle indique que vous n'êtes entouré ni d'ennemis ni de négativité.

XXII - Le fou ou le mat

Quoi que vous ayez entrepris, vous devrez être très prudent, la situation se présente comme instable et non encore bien définie.
Si vous devez prendre des initiatives, mieux vaudra les remettre à des moments plus favorables et au cas où vous n'avez pas la possibilité de le faire, agissez avec prudence, en examinant tous les éléments.
Cette carte veut également indiquer que peut-être vous vous êtes abandonné à vos instincts et vous n'avez pas développé votre sens des responsabilités, qui est nécessaire pour diriger vos actions d'une manière positive, ou alors vous vous êtes fait l'instrument des autres qui profitent de vous parce que vous ne connaissez pas vos limites ; donc, utilisez bien la magie, mais seulement pour vous protéger de l'obscurité des intentions négatives mises en œuvre par les autres et par vous-même, à votre égard. N'agissez pas avec plus d'étourderie, en cherchant à tout prix à influencer, par la magie, le résultat d'un événement, il pourrait se produire un véritable désastre à votre seul détriment.

La radiesthésie

La radiesthésie est la science qui s'occupe d'étudier et de capter les radiations émises par les corps, que ce soit des animaux, des végétaux ou des minéraux. C'est une science très ancienne qui a subi des transformations radicales ; en fait au siècle dernier elle était appelée « rhabdomancie » et était utilisée surtout pour chercher les sources d'eau et les gisements d'énergie en général, comme les minerais, le pétrole et les pierres précieuses. Elle trouvait son application aussi dans l'agriculture et favorisait la recherche des lieux salubres sur lesquels construire des habitations.
A Paris, en 1913, se tint le premier Congrès international de rhabdomancie et l'abbé Mermet inventa et montra un objet en forme de pendule qui remplaça en très peu de temps la baguette rhabdomantique moins maniable qu'on utilisait jusque-là, et transforma donc la rhabdomancie en radiesthésie.
Le grand médium français Gérard Croiset a fait un très

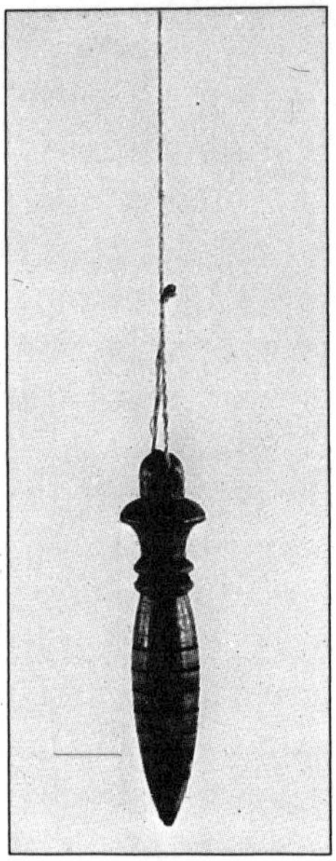

De gauche à droite: pendule d'Osiris, pendule d'Isis, pendule karnak, tous en ébène noire avec l'intérieur en plomb. Très sensibles et adaptés à la divination, ils sont utilisés par les magiciens pour connaître les situations, et selon le résultat ils pourront par la suite décider d'intervenir.

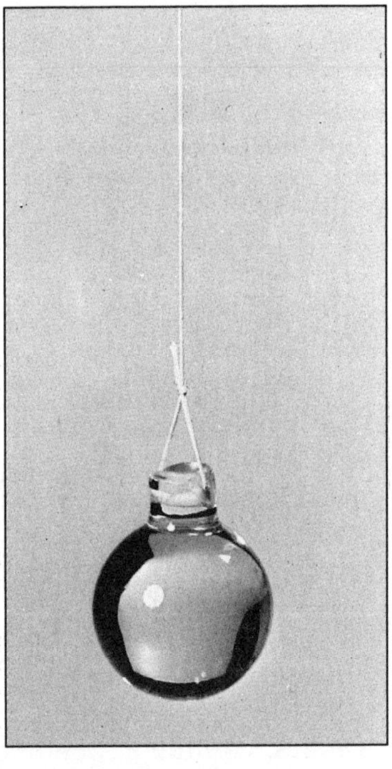

Pendules en cristal de différentes formes. Tous les deux sont utilisés pour rechercher des situations de négativité qui ont pu atteindre des personnes victimes d'intentions maléfiques, qui se sont portées tant sur la santé que sur les aliments qui sont consommés.

large usage d'un tel moyen de recherche et a obtenu les plus grands succès de l'histoire de la radiesthésie; ses recherches ont été utilisées en particulier par la police pour retrouver les personnes disparues, tant vivantes que mortes, pour retrouver les endroits où l'on détenait les personnes enlevées ou les lieux de sépulture des victimes de rapts fameux dans les annales de la criminologie française.

Mais pour comprendre la radiesthésie, il est nécessaire de s'en éloigner un moment et de parler de l'univers et de la matière dont nous sommes faits.

L'univers dans lequel nous sommes plongés s'exprime à travers toute une série de manifestations qui en révèlent l'existence et, parmi elles, la vibration est une réalité indéniable, de la particule la plus petite à la plus grande. Les atomes se sont agrégés pour donner forme à la matière que nous connaissons et qui semble vivre à partir de l'énergie émise par les atomes eux-mêmes; tout en maintenant intacte la structure originelle de base, cette énergie se manifeste à nos yeux avec une forme et une substance bien précises qu'on peut cataloguer avec nos sens.

Pourtant, en dépit de son apparente solidité, la structure de la matière comporte de larges portions de vide, qui lui permettent une certaine élasticité, et ainsi elle possède une expression vitale propre: donc une très petite portion du souffle cosmique peut s'exprimer en elle et en fait la matière, même imperceptiblement, se déplace, de la même façon que l'énergie se déplace, ou mieux, respire.

En ces termes, devient compréhensible le fait que tout l'univers puisse «respirer» exactement comme nous, qui, pour le faire, avons besoin d'espace pour dilater nos poumons: par suite il produit une vibration qui peut être dans certains cas, carrément captée et enregistrée à travers un appareillage hautement sophistiqué, comme cela arrive déjà dans des observatoires astronomiques où on enregistre de véritables émissions d'ondes radio en provenance des abysses astraux.

Ce souffle, tel qu'il est émis, offre aussi la possibilité d'être capté à travers des instruments qui ne sont pas d'une haute résolution scientifique, mais se fondent sur des notions sensorielles qui s'écartent des conceptions scientifiques normales, comme le pendule radiesthésique.

Pendule fixe, très particulier, auquel ne peuvent pas avoir recours tous les opérateurs. Se fonde sur le principe de la vibration énergétique que l'opérateur est en mesure de transmettre au sommet, point où le pendule lui-même est attaché, sur lequel il pose la paume de sa main. Les couleurs de la partie inférieure du pendule sont variées et utilisables en relation avec la propriété vibrationnelle de chaque chromatisme.

La radiesthésie se sert de deux principes simples:

- le premier est bien ancré dans l'esprit humain et est utilisé avec un mécanisme très semblable à celui de la radio qui, en utilisant les ondes hertziennes, réussit à les isoler des autres myriades d'ondes émises, en les captant et en les transmettant;
- le second utilise un objet d'appui très simple, qui assure la fonction d'antenne amplifiante du cerveau humain et qui, du fait de sa très grande sensibilité, réussit à fonctionner exactement comme un appareil récepteur de radio, et permet au cerveau du radiesthésiste de transmettre l'information reçue au système nerveux qui la véhicule jusqu'au bras, à la main et enfin, au pendule, en lui conférant inconsciemment le mouvement exact en réponse à la question.

Les pendules radiesthésistes sont fabriqués avec les matériaux les plus divers et leur forme peut être soit oblongue,

Pendules réalisés en métal et de préférence plaqués or. Le premier, pendule pour témoins-alque, est sphérique et possède une chambre vide qui peut être remplie avec des fragments de ce que l'on recherche ; les autres, pendule d'Osiris et pendule alque aérodynamique, sont plus généraux, mais également plus communément utilisés pour rechercher les possibilités de travail des personnes.

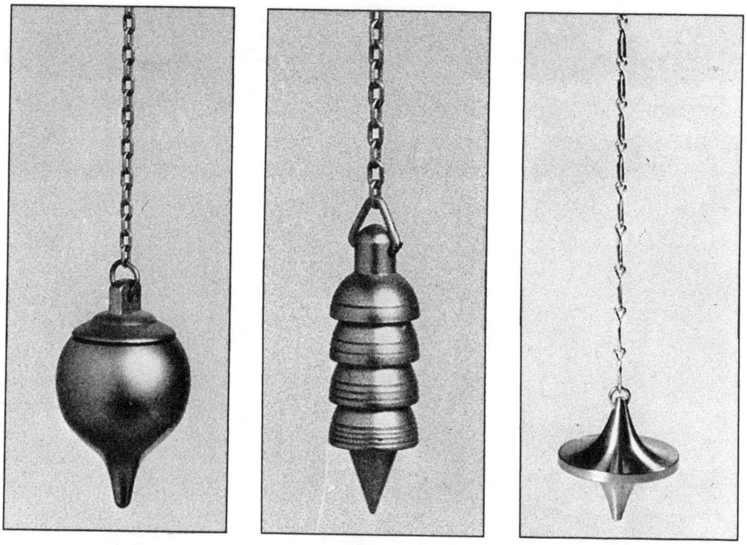

Ci-dessous : pendule avec un témoin (à chambre vide) fermé et ouvert, et boussole transparente qui sert à identifier la zone où se trouvent la personne et l'objet qu'on est en train de rechercher.

soit sphérique ; mais presque tous ont une chaîne au sommet et se terminent avec une pointe.

Ceux qui sont le plus utilisés sont en métal et ont un témoin, c'est-à-dire la possibilité d'avoir un interstice vide, qui peut être dévissé par l'opérateur et à l'intérieur duquel on a mis une petite portion (appelée « témoin ») de ce qu'on cherche. Certains sont pourvus d'un interstice rem-

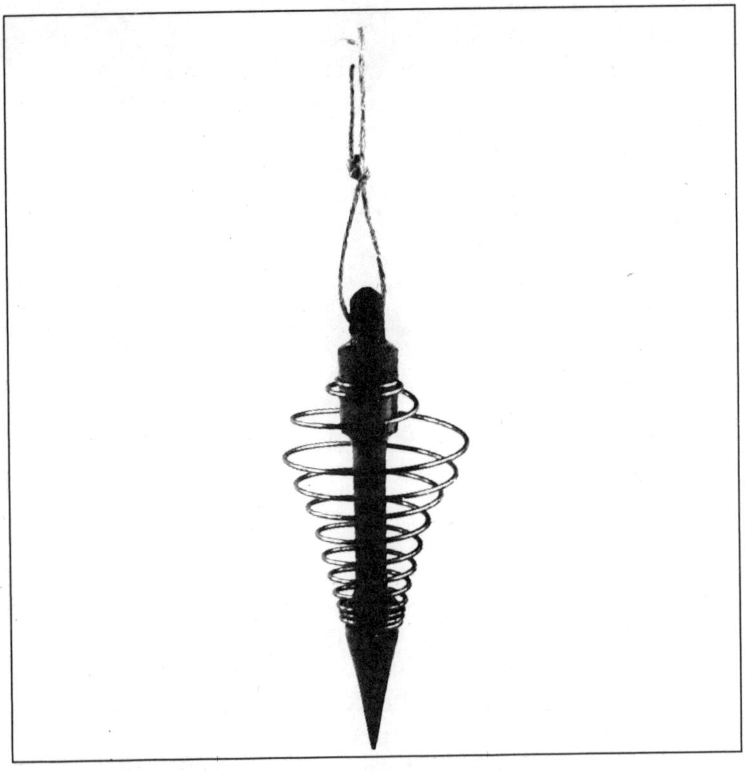

Pendule, particulier et sensible, dont le corps externe, à spirale, entoure un terminal muni d'une pointe magnétique. Fabriqué selon les lois qui régissent la micro-vibration, il permet le relevé des sources d'énergie ou des accumulations magnétiques, aussi bien au sens positif que négatif, même quand les vibrations ont échappé à l'analyse d'autres pendules. L'opérateur pourra l'utiliser pour positionner son propre plan de travail, ou mieux encore son propre temple magique , pour être en syntonie avec les énergies terrestres. La vibration rotatoire vers la droite représente une énergie positive, celle vers la gauche une énergie négative.

pli de mercure et ils conviennent bien aux recherches et aux diagnostics de santé.

On suppose que ceux qui sont en bakélite ou en bois sont les mieux adaptés et les plus propices à la voyance et, comme la cartomancie, ils fournissent des réponses de type précognitif: ce seront donc ceux à utiliser pour rechercher des personnes. Il en existe d'un autre type, métallique, en forme de spirale et à pointe magnétique, qui est particulièrement bien adapté pour percevoir les vibrations négatives relatives au milieu analysé.

Rappelez-vous avant tout que le pendule ne bouge pas tout seul et que c'est votre inconscient qui lui imprime la réponse qu'il donnera ensuite visuellement dans les mouvements, qui sont:

penche à droite – penche à gauche
vertical – horizontal
oblique droit – oblique gauche

Pour poser les questions, il faut utiliser des tables ou des quadrants qui aident l'opérateur, mais il est possible d'utiliser aussi de petits schémas personnels préparés sur le moment, et également poser des questions simples qu'on pose par exclusion. En outre des vérifications sont ensuite nécessaires pour rendre la réponse sûre.
Le mouvement **penche à droite** veut dire **oui**, celui **penche à**

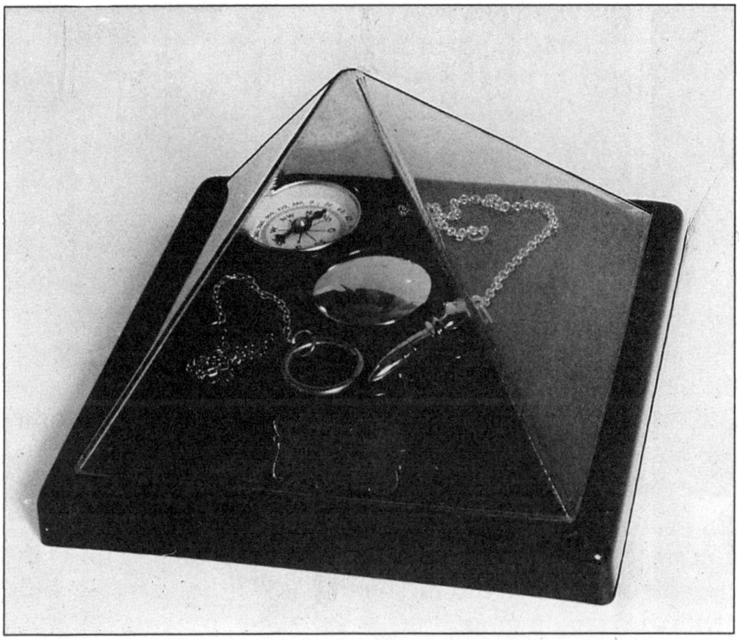

Ensemble d'objets pour l'opérateur qui veut utiliser la radiesthésie selon les lois de la pyramide. La plaque, à la base de la pyramide, réduction parfaite à l'échelle de la pyramide de Chéops, réalisée en plexiglas, a une chaîne qui se termine par un anneau que l'opérateur met à son doigt. Le témoin n'est pas touché par l'opérateur, mais est placé au centre de la pyramide, qui est également équipée d'une boussole et d'un pendule karnak qui n'a pas besoin d'être démagnétisé, comme les pendules ordinaires, du fait des propriétés inhérentes à la pyramide elle-même.

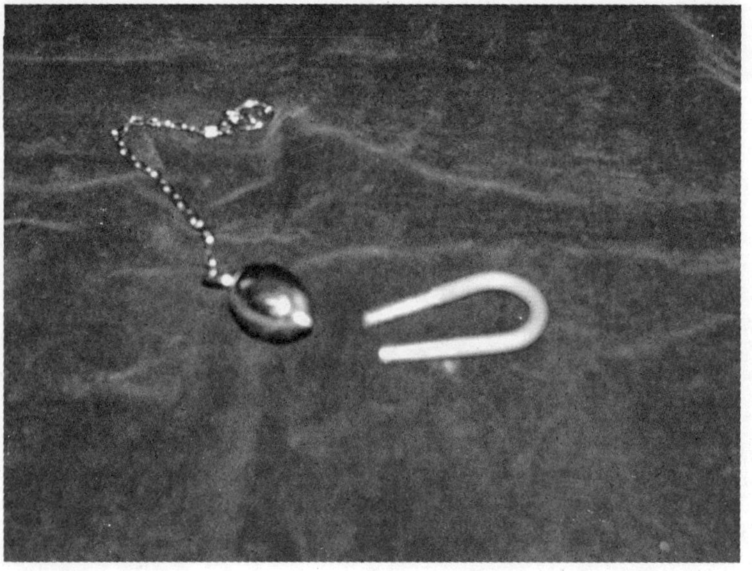

Aimant utilisé pour démagnétiser le pendule et le plan de travail.

gauche veut dire **non**, le **vertical oui**, l'**horizontel non**. Les autres peuvent être les indicateurs de zones bien délimitées sur les schémas examinés, ou bien parfois dénotent de l'incertitude.
En radiesthésie, on devrait prendre en compte les composants électromagnétiques existants et par conséquent il devient important de tenir compte de l'axe et du magnétisme terrestre; c'est pourquoi, pour mener à bien une recherche, il serait bon d'exposer son propre visage vers l'est: même si ledit moyen n'est pas infaillible, il favorise toutefois une meilleure réception des ondes qu'on doit capter.
Chaque fois qu'on doit se livrer à une recherche, il est bien de démagnétiser et de désimprégner le milieu dans lequel on devra opérer, la table d'appui ou le secrétaire, les tableaux qu'on utilise, les modules et surtout le pendule radiesthésique.
Pour tout ce qui concerne la table, les tableaux, les modules, on se sert d'un aimant qu'on passe sur la surface d'appui et sur les tableaux déjà utilisés pour d'autres recherches; pour le pendule il suffit au contraire de le poser sur une surface dégagée pendant quelques secondes: un plancher ou une cloison qui ne soient pas synthétiques, en bois ni recouverts de moquette.

Méthode d'utilisation du pendule radiesthésique

En utilisant le tableau de la page suivante qui vous est proposé comme exemple, agissez comme suit :

• Tenez bien ferme entre le pouce et l'index de la main droite la petite chaîne du pendule, en la laissant pendre audessous des doigts d'environ 10 à 12 cm.

• Tenez la pointe extrême du pendule éloignée de la surface d'appui d'environ 2 cm, de façon à ce qu'elle puisse bouger en toute liberté, sans toucher les objets, en la positionnant au centre exact du tableau.

• Posez la main gauche sur la photographie de la personne que vous êtes en train d'analyser ou sur toute autre chose qui peut s'y référer (par exemple sa date de naissance, son nom, ses papiers d'identité, etc.) en posant l'objet en question en dehors du tableau.

• Posez les questions comme dans les exemples suivants :
- « Le sujet a-t-il le mauvais œil ? »
- « Quelqu'un lui a-t-il lancé un sortilège ? »
- « Est-il amoureux du consultant ? »
- « Pouvons-nous utiliser la magie pour obtenir des résultats ? »
- « Est-ce qu'un talisman a la possibilité de résoudre le problème ? », etc.

Attendre le mouvement de réponse : vers la droite = affirmation, vers la gauche = négation.

• Après chaque question, dont vous aurez noté la réponse avec soin sur une feuille près de vous, vous devrez continuer en posant les questions dans le sens contraire pour avoir la preuve de la réponse, toujours en utilisant le tableau, qui devra correspondre au contraire si vous avez deviné du premier coup la réponse exacte, comme par exemple :
- si, à la question « A-t-il le mauvais œil ? » posée en première analyse, la réponse du pendule a été : « Non », dans la vérification : « Est-ce qu'il n'a pas le mauvais œil ? », la réponse devra être : « Oui », c'est-à-dire, il n'a pas le mauvais œil ;

TABLEAU POUR LE PENDULE RADIESTHÉSIQUE

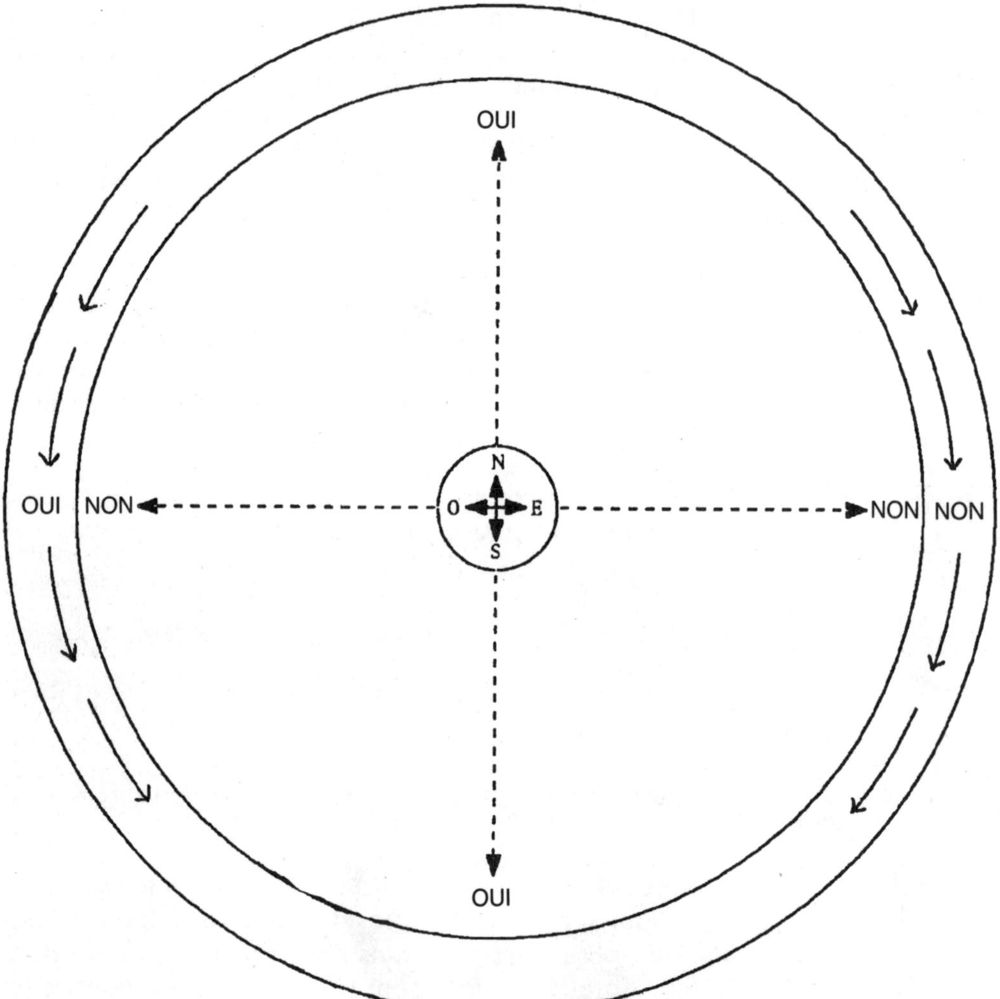

MOUVEMENTS :	rotatoire vers la droite	OUI
	rotatoire vers la gauche	NON
	vertical	OUI
	horizontal	NON
	oblique	INCERTAIN

- si, à la question « Quelqu'un lui a-t-il lancé un sortilège ? » la réponse a été : « Oui » dans la vérification : « Quelqu'un ne lui a-t-il pas lancé un sortilège ? », la réponse devra être : « Non », c'est-à-dire, il n'a aucun type de sortilège lancé contre lui ;
- si, à la question « Est-il amoureux du consultant ? » la réponse est « Oui », dans la vérification : « N'est-il pas amoureux du consultant ? », la réponse devra être : « Non », c'est-à-dire, il en est amoureux ;
- et ainsi de suite pour tout ce qu'on veut découvrir.

L'écriture automatique ou médiumnique

La divination à travers l'utilisation des procédés médiumniques est très répandue, et pas seulement depuis une époque récente : bien avant que la cartomancie et la radiesthé-

Miroirs magiques pour la vengeance, réalisés en cuivre, selon les vieilles méthodes rituelles. L'un des deux est doré et les deux portent l'inscription en or du nom des quatre anges protecteurs.

sie n'aient été seulement pensées, nous en trouvons mention dans la littérature et cela nous éclaire sur quelques méthodologies en cours, à des époques où le rapport avec le transcendant était très différent d'aujourd'hui.
Dans l'Egypte ancienne, les prêtres faisaient de véritables évocations aptes à rappeler les morts, ou mieux encore leur élément spirituel, resté dans les parages de la vie terrestre et connu comme le Ka; ils réussissaient à obtenir des messages écrits qu'on qualifierait aujourd'hui d'écriture directe.
La Bible nous fournit des chroniques médiumniques, en particulier celle de Saül qui, par l'intermédiaire de la sorcière de En Dor, évoque l'ombre de Samuel, laquelle lui prédit la défaite et la mort. Les Grecs aussi en savaient long sur ces phénomènes: dans *L'Odyssée* homérique, on trouve un passage très intéressant où Ulysse, utilisant les enseignements de la magicienne Circé, réussit à évoquer l'ombre du devin Tirésias et d'autres défunts.
Les pythies et les sibylles, outre leurs nombreux talents, montrèrent également qu'elles pouvaient être de très bons médiums, par l'intermédiaire desquels les divinités se manifestaient aux êtres humains pour faire connaître leurs desseins et leurs volontés.
A des époques plus récentes, c'est même un grand représentant de l'Eglise, saint Grégoire de Césarée, qui assiste à un épisode de médiumnité au cours du Concile de Nicée en 325: les Pères du Concile rappelèrent l'esprit de deux évêques, pour leur faire apposer leur signature et, après une nuit de veille passée en prières, le lendemain matin, la signature se matérialisa sur le document...
Au cours des temps, les manifestations médiumniques se développèrent peu à peu et dépassèrent la manifestation parlée et écrite: il se produisit des phénomènes psychocinétiques, avec des déplacements d'objets, des apports, des extirpations, des ectoplasmes, des diagnostics médicaux et des prédictions, pour arriver à des phénomènes qui ont eu une vaste résonance par l'intermédiaire des sœurs Fox, qui donnèrent pratiquement le départ du spiritisme et de la médiumnité classique moderne.
Le premier médium dont on connaisse la manifestation est Emmanuel Swedenborg, qui, en 1700, expérimente une méthode qui lui permet de provoquer la transe avec

incorporation, avec des manifestations d'automatisme tant parlé qu'écrit.
Le second est Edgar Cayce (1877-1945), très connu en Amérique, comme médium aussi bien que comme sensitif, pour la multitude de cas humains qu'il a résolus.

COMMENT EFFECTUER L'ÉCRITURE AUTOMATIQUE

Il y a deux possibilités distinctes pour développer l'écriture automatique, qui peuvent être utilisées selon ses propres capacités.

- La ***première*** et la plus répandue des deux est celle qui se sert d'une tablette spirite qu'on doit poser sur un tableau où sont dessinés toutes les lettres de l'alphabet, les nombres, le oui et le non, selon cette méthode:
- l'opérateur doit diriger ses questions exactement comme cela se passe avec l'expérimentation radiesthésiste,

Tablette spirite, utilisée également pour effectuer l'écriture médiumnique et entrer en contact avec les esprits élémentaires. Elle est en bois et comporte trois coussinets qui favorisent son glissement sur l'affiche où sont écrits les lettres de l'alphabet et les chiffres.

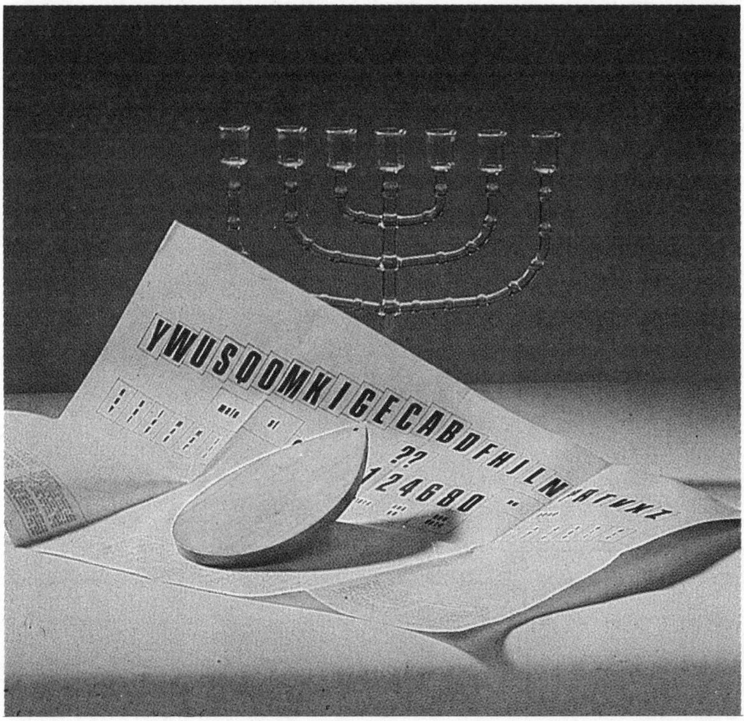

et, d'après le positionnement du bâtonnet au-dessus des différentes lettres, il pourra obtenir des phrases complètes qui donnent la réponse cherchée;
- les lettres obtenues seront notées sur une feuille;
- après les réponses, on les fera répéter de la même manière, mais avec des séquences différentes, de manière à pouvoir contrôler la réaction.

Le tableau (comme celui montré sur la photo p. 79) vous aidera à développer l'écriture automatique avec la tablette spirite.

• La ***seconde*** est un peu plus difficile à réaliser, mais arrive à être plus fonctionnelle, dans la mesure où c'est l'opérateur qui écrit directement les réponses: ceci se produit plus rapidement et a un contenu plus riche. En conséquence, je conseille à tous les lecteurs d'essayer cette seconde hypothèse de travail avec la méthode suivante:
- se munir de papier et de crayon et d'un plan d'appui;

Papier parchemin pour fabriquer les talismans et quelques flacons contenant de l'encre magique, selon le type de talisman qu'on réalisera. Le tout est posé sur un linge foncé, qui sert à isoler la surface de la table, ou de l'autel, du travail qu'on effectuera avec le parchemin et l'encre.

- s'installer loin des bruits et des lumières trop fortes, pour ne pas être dérangé ;
- se concentrer dans la relaxation, en tenant le crayon à la main, mais de façon à ce que le poignet soit souple et à ce que la main puisse courir rapidement sur le papier ;
- poser mentalement une question et attendre avec beaucoup de patience que la main commence à écrire toute seule sur la feuille, sans la forcer.

Exemple de méthode de relaxation, concentration et écriture

- Préparez sur une table des feuilles de papier et un crayon pour écrire ;
- allumez une lumière diffuse, qui ne soit pas dirigée vers les yeux, en donnant au papier et au crayon un éclairage suffisant pour travailler ;
- mettez une musique de fond très agréable ;
- asseyez-vous très confortablement devant la table ;
- posez les bras ouverts sur la table et, de la main qui écrit, gardez le crayon très souple ;
- laissez les jambes écartées sous la chaise, sans les croiser ;
- fermez les yeux ;
- inspirez profondément par le nez ;
- retenez votre respiration en comptant jusqu'à 3 ;
- expirez complètement par la bouche ;
- retenez votre respiration en comptant jusqu'à 3 ;
- répétez ces opérations pendant quelques minutes ;
- après avoir repris un rythme respiratoire régulier, sans trop d'à-coups, visualisez les yeux fermés un ciel bleu où vous imaginez que vous volez ;
- visualisez les esprits de lumière dans le ciel à côté de vous, qui volent autour de vous et vous sourient ;
- visualisez les esprits qui descendent vers vous ;
- visualisez les esprits qui prennent la main avec laquelle vous tenez le crayon ;
- visualisez votre main qui court sur le papier, sans que vous lui ayez posé des questions précises ;
- ouvrez les yeux et essayez de faire courir votre main, en favorisant la visualisation ;

- posez mentalement des questions aux esprits de lumière qui guident votre main ;
- vous n'avez pas de limite dans les questions ; demandez si vous communiquez avec quelqu'un et qui c'est ;
- demandez si on peut vous aider pour que vous ayez les réponses que vous cherchez ;
- posez des questions précises ;
- laisser courir librement votre main : elle tracera d'abord des signes très confus et ensuite commenceront à apparaître les premières lettres et phrases entières ;
- posez des questions de plus en plus précises et spécialisées.

Vous devez pourtant garder à l'esprit le fait que, avant que de telles occasions se vérifient, il peut y avoir de très nombreux jours d'expérimentation continue. Cela vaut toutefois la peine d'utiliser une telle méthode de recherche, car le médium, même s'il ne réussit pas vraiment à entrer en contact avec les esprits, se met en contact avec lui-même et avec la part transcendantale de la nature qui pourra lui fournir des informations objectives.

Les influx négatifs

Tout le monde a déjà entendu parler quelquefois de négativité. Ce terme, au sens très large et imprécis, peut comporter une infinité de significations différentes. Quoi qu'il en soit, quand on parle de négativité, on se réfère toujours à des effets nocifs.
Dans le domaine de la psychologie et de la magie, quand on parle de négativité, on veut se référer à une émission par vibrations d'ondes pouvant d'une certaine façon toucher ceux qui entrent en contact avec ce type de vibrations. Le terme classique pour nommer les négativités, quand elles sont d'origine extérieure au sujet qui souffre de leur présence, est la psychobolie ou le mauvais œil.
La vibration négative, même si elle n'est pas perceptible à travers les sens que nous connaissons, arrive de toute façon à se transmettre à travers des véhicules récepteurs inconnus que nous essaierons d'une certaine façon de rendre plus compréhensibles, afin de neutraliser les effets nocifs possibles d'une telle rencontre, tant pour ce qui nous concerne nous-mêmes que pour aider éventuellement les autres.

Quelle est leur origine

Bien que doté des mêmes organes sensoriels, chaque être humain a une façon complètement personnelle de se rap-

porter à la perception : elle peut être influencée par des facteurs qui relèvent de la sensibilité (de degrés différents d'un sujet à l'autre), de l'inconscient individuel (qui est en contact avec l'inconscient collectif), de l'état mental du moi logique ou rationnel, de l'état de santé physique, ou aussi de facteurs encore inconnus.
Tout ce qui existe, dans la nature ou comme réalisation du génie humain, est neutre en soi ; ce sera la façon d'appliquer la connaissance et la technologie qui pourra rendre tel moyen positif ou négatif ; en fait nous pouvons utiliser un produit chimique pour guérir, mais nous pouvons l'utiliser aussi pour faire du mal ; nous pouvons intervenir sur la naissance en apportant des améliorations au fœtus ou des malformations ; nous pouvons utiliser l'amour pour créer ou détruire, nous pouvons éduquer en ouvrant l'esprit des néophytes à la connaissance, mais nous pouvons également le fermer, nous pouvons utiliser l'ambition pour nous améliorer ou, au contraire, pour faire du mal aux autres, etc.
En conséquence, même en ce qui concerne les influx négatifs, on peut tout à fait dire qu'ils tiennent leur origine d'une vibration dont la base est neutre par elle-même, mais que l'intention de la rendre nocive peut engendrer la négativité, avec tous les dangers qu'une telle transformation comporte.
Mais qu'est-ce qui peut rendre une vibration négative ou positive ? La réponse est simple : c'est la pensée.

Comment elles sont véhiculées

C'est la pensée qui, en plus de transmettre, reçoit, puisque c'est par la pensée que nous supposons que nous avons fait l'objet de négativité et c'est par la pensée que nous nous adressons à notre tour aux autres quand nous éprouvons de la rancœur. Et ce sera alors la pensée, qui pourra neutraliser la négativité des ondes qui nous sont destinées, soit pour les faire revenir à leur état primitif de neutralité, soit pour les rendre positives.
On sait que l'inconscient est la partie enfouie de notre esprit, dont nous ignorons souvent le contenu, tout en connaissant son existence ; on sait aussi que l'inconscient

individuel réussit à entrer en contact avec les autres inconscients, à travers l'inconscient collectif (qui peut être considéré comme les grandes archives cosmiques – en termes ésotériques on le nomme *Akasha*).
Pour autant que nous le sachions, l'inconscient n'a pas une nature matérielle, car, même s'il existe, il ne peut être ni mesuré ni contenu dans rien de matériel, de la même façon que la pensée est considérée comme de l'énergie.
Le cerveau, au contraire, peut être mesuré et contenu et c'est pour cela que son origine est matérielle et réagit aux lois physiques terrestres, connues de la science ; nous pouvons donc, pour des raisons logiques, faire une subdivision dans les termes suivants :

MATIERE

corps – sphère sensorielle avec ses 5 sens – cerveau – mémoire physique – moi conscient

ENERGIE

âme – sphère émotive et extrasensorielle – pensée – mémoire de l'âme – moi inconscient

Prenons par exemple deux sujets : le premier – l'agent – pour des raisons entièrement personnelles, décide d'envoyer des pensées négatives au second – le percevant ; essayons ensemble de comprendre ce qui va se passer.

- Le moi conscient du sujet agent, de sa propre volonté, communique la décision de nuire ou d'infliger des souffrances à un autre être vivant. Ceci se passe sans préambule et sans perdre de temps par rapport à son moi inconscient, puisque la pensée possède une rapidité absolue dans l'univers, donc elle se transmet instantanément. L'inconscient, à son tour, en se servant de l'inconscient collectif, fait savoir à l'inconscient de l'individu percevant, objet de la mauvaise pensée, la volonté du sujet agent.

• L'inconscient du sujet percevant (destinataire), privé de barrières et dans l'ignorance de la volonté du sujet agent, reçoit la vibration négative, qui est immédiatement transmise à son inconscient: celui-ci, privé de la capacité consciente de communiquer avec son inconscient ou d'en connaître le code de langage, n'en tire apparemment aucune information.

Pendant ce temps, de toute façon, si de telles informations ont atteint leur objectif, des sensations ou carrément des situations négatives commenceront à se produire, qui ne trouveront pas de réponses logiques apparentes, mais, comme beaucoup d'entre vous l'auront déjà constaté, les effets négatifs seront bien réels et dépasseront le domaine mental pour atteindre le domaine physique.

Comment s'en défendre

Ce simple mécanisme est utilisable dans les deux sens, pour atteindre ou pour réagir. En fait, le destinataire de la mauvaise pensée peut se défendre en s'occupant sans arrêt de son moi inconscient et en faisant de sa pensée un acte de volonté: il tend à faire communiquer les deux instances, le moi conscient et le moi inconscient. Apparemment les deux instances ne communiquent pas entre elles; en fait cela se produit. Une communication incessante de ce type permet de construire une onde de forme, véritable barrière défensive contre les ondes de forme envoyées par ceux qui désirent procurer le mal, qui ainsi ne peuvent pas franchir le seuil de l'inconscient, bien protégé par la muraille édifiée par son propre moi conscient.
Mais pour être capable d'agir dans un tel sens, il faut reconnaître qu'aucun être ou entité sur Terre ne peut devenir plus fort qu'un homme dans son intégrité. En fait la pensée négative, quand elle atteint le sujet à qui elle est destinée, n'est pas intacte, mais est seulement une onde de forme, alors que le sujet à qui elle est destinée, au moment où il reçoit une telle onde, est intact et peut donc très bien repousser les attaques, sans en subir de dommage.
La volonté de nuire – allant même jusqu'à produire la

mort du sujet haï –, d'où qu'elle vienne, se traduit en onde de forme, qui atteint l'inconscient du sujet destinataire. Le sujet destinataire (percevant), même s'il ne s'en rend pas compte, est plus fort, dans son intégrité, que l'onde de forme qui l'a atteint, à moins qu'il n'ait connaissance de cette vérité, ou pis, qu'il ne soit préparé à subir une telle attaque avec un sentiment de résignation ou bien, comme cela se voit dans quelques cas, qu'il ne soit intègre. Cette intégrité est constituée de trois éléments essentiels: **corps – âme – esprit**.

Parmi toutes les possibilités de subir des attaques effectives qui puissent atteindre leur but, du fait d'une indisposition du corps, de l'esprit ou de l'âme, il y a au sens absolu une porte qui est toujours franchie même par une simple onde de forme et cette porte a un nom: **peur**.

C'est pourquoi il faut œuvrer pour éliminer cette émotion qui est des plus nuisibles et pour cela, il faut se livrer à des exercices d'éveil de la volonté en utilisant plusieurs techniques, dont la concentration et la méditation, l'utilisation de rituels propitiatoires et purificateurs du milieu, l'usage continuel d'un bon *Mantra* (prière constituée de paroles de force que chacun peut créer pour son usage personnel) comme le montrent les exemples des chapitres suivants, et la conservation d'un bon état physique, non assujetti aux drogues et autres choses de ce genre.

Par ailleurs il faut savoir que si nous tournons notre pensée vers la haine et la vengeance, qui sont des projections négatives, nous émettons des vibrations négatives. Si nous vivons déjà dans une situation de négativité et de malaise, avec cette attitude mentale, nous ne pourrons que l'empirer: il ne suffira pas de connaître les rituels de défense et les techniques occultes pour régler ce problème, mais il faudra prendre les distances nécessaires par rapport au domaine émotionnel négatif où nous sommes tombés.

Les envoûtements

Indépendamment des négativités et du mauvais œil, il existe d'autres formes extrêmement dangereuses par lesquelles on peut être atteint: ce sont les très tristement célèbres envoûtements, qui ne sont pas de simples émissions

de vibrations négatives de la pensée humaine, car ils sont renforcés par l'utilisation de rituels magiques et occultes, qui s'exercent sous une forme plus lourde et plus concrète que la simple pensée, de façon à provoquer un réel dommage, que l'intention du mandant peut quelquefois porter à des degrés extrêmes.
Evidemment celui qui s'apprête à réaliser les envoûtements n'est pas toujours en mesure d'agir dans ce sens, mais, puisque ce sont les personnes dénuées de scrupules qui y ont recours, avec leurs rancœurs et leurs désirs malsains, nous devrons tenir compte aussi de cette possibilité et nous défendre.

Technique de concentration et de défense pour renforcer la volonté

Après avoir choisi un milieu tranquille et peu éclairé:
- mettez une musique de votre choix, comme fond sonore;
- étendez-vous complètement ou asseyez-vous très confortablement;
- fermez les yeux;
- inspirez par le nez le plus longtemps possible;
- retenez votre respiration pendant cinq secondes;
- expirez par la bouche en vidant complètement vos poumons;
- retenez votre respiration pendant 5 secondes;
- continuez pendant quelques minutes cette méthode de respiration, jusqu'à avoir un souffle rythmé;
- visualisez-vous vous-même dans la position dans laquelle vous êtes vraiment;
- visualisez une cloche en verre, transparente mais à l'épreuve des projectiles;
- faites descendre lentement la cloche en verre de façon à avoir tout le corps sous la cloche;
- visualisez tous les types de dangers à l'extérieur de la cloche de verre, comme: les ennemis qui vous haïssent et voudraient vous tuer, les animaux féroces qui veulent vous dévorer, les esprits malins qui vous lorgnent, les énergies négatives qui s'échappent violemment de la cloche, les désastres en tout genre, et tout ceci au gré de votre fantaisie;

- visualisez-vous, imperturbable, sous la cloche, pendant que vous observez le désastre qui se produit à l'extérieur ;
- visualisez les entités malignes qui veulent vous faire du mal, de façon à ce que leur image devienne de plus en plus floue, et finisse par disparaître ;
- visualisez-vous sous la cloche de verre : intact, protégé et heureux ;
- faites ce genre de visualisation pendant plusieurs minutes.

Passez à une seconde phase activante de la réaction qu'il conviendrait d'adopter pour résoudre les problèmes dont vous êtes victime :
- visualisez vos ennemis à l'extérieur de la cloche ;
- imaginez-les privés d'énergie, après leurs tentatives ratées pour vous faire du mal ;
- visualisez un clavier plein de petites lumières colorées ;
- visualisez des armes laser reliées à chaque petite lumière ;
- visualisez-vous en train d'appuyer sur les touches à votre gré : un à un les faisceaux de lumière défensive au laser désintègrent vos ennemis ;
- visualisez le milieu qui est en train de se transformer en dehors de la cloche ;
- visualisez de nouvelles formes de vie qui s'approchent de vous et qui ont à votre égard des sentiments positifs et des intentions bienveillantes ;
- visualisez des personnes, des choses, des animaux, tous animés de bonnes intentions ;
- visualisez une porte dans la cloche de verre, qui s'ouvre de l'intérieur vers l'extérieur et dont vous êtes le seul à connaître la combinaison pour entrer et sortir ;
- visualisez-vous allant à la rencontre de personnes amies qui vous attendent à l'extérieur de la cloche de verre ;
- visualisez-vous : après avoir embrassé ces personnes, vous rentrez dans la cloche pour vous remettre dans une situation protégée et tranquille ;
- pensez qu'après l'exercice, la cloche de verre restera au-dessus de vous pour vous protéger ;
- comptez mentalement de 10 à 1, très lentement, et rouvrez les yeux, pour revenir à la normalité.

• Quand on est convaincu qu'on est l'objet de malveillance de la part d'ennemis cachés, mais qu'il ne s'est pas produit encore d'effets trop négatifs, je suggère d'adopter une technique très simple de type défensif, à laquelle on peut recourir en appliquant tous les soirs, avant d'aller se coucher, une forme créative de pensée positive, identique à celle qu'on vient de décrire, avec la construction, par la pensée, d'une cloche de verre, qui laisse à l'extérieur tout ce qui, d'une certaine façon, peut entrer en contact avec notre inconscient.
Cette cloche deviendra avec le temps une onde de forme véritable.
Petit à petit elle deviendra si réelle qu'on n'aura plus besoin de continuer à la construire parce qu'elle sera préconstruite et servira à nous protéger, nous et tous les êtres chers que nous avons mis sous la cloche.

• Si au contraire on est convaincu qu'une onde de forme négative a atteint son objectif, cela veut dire évidemment que nous avons déjà pu subir des dommages importants auxquels nous n'avons pas su trouver de réponse d'une autre nature logique et pour cela il devient nécessaire de reconstruire les défenses qui sont tombées :

- avant tout, il faudra contrôler le milieu dans lequel vous vivez pour voir s'il s'y trouve des objets qui vous sont étrangers, qui peuvent s'être matérialisés par exemple à l'intérieur des coussins et des matelas. Rappelez-vous que les coussins qui se prêtent le mieux à ce genre de matérialisation sont ceux en laine ou en plume et que, à ce stade-là, la cloche en verre ne suffira pas pour vous protéger du mal ;
- ensuite il faudra vous servir de votre pensée pour construire un cercle rituel, dessiné mentalement, à l'intérieur duquel vous devrez vous étendre ou vous asseoir ;
- relaxez-vous et concentrez-vous les yeux fermés, comme dans les exemples de respiration que vous avez déjà faits, en comptant mentalement et très lentement de 1 à 10 ;
- durant la concentration, il faudra visualiser l'aura (émission de lumière colorée qui s'échappe de tous les

êtres vivants) qui entoure tout votre corps comme un cocon;

- après cette première visualisation, essayez de repérer les points de moindre intensité de l'aura même, où la projection négative aurait pu s'infiltrer;
- quand vous aurez réussi à bien voir votre aura et que vous aurez repéré les points qui ont cédé, vous effectuerez une réparation;
- visualisez un fil de soie argenté, très lumineux et résistant;
- recousez les morceaux et redonnez la lumière à l'aura blessée, jusqu'à ce qu'elle redevienne normale;
- répétez cette opération toutes les fois que vous le jugerez opportun.

Ceux d'entre vous qui arrivent à repérer avec certitude la provenance de leurs négativités, c'est-à-dire le sujet agent, peuvent réaliser certaines techniques de défense d'une bonne qualité, en plus de celle, bien sûr, que nous venons de proposer de réaliser avec la pensée:

- vous devez prendre une photographie du sujet agent (c'est-à-dire celui ou celle qui vous a envoyé la pensée négative) et vous la posez sur une feuille de papier située sur un contenant circulaire (comme une petite assiette ou un petit plateau);
- vous entourez complètement la photographie d'un cercle dessiné à la main;
- vous recouvrez le cercle avec du charbon ou de la braise (pour cela même celle qu'on utilise avec les encens convient);
- vous rangez le tout dans un lieu à l'écart, en l'y laissant autant de temps que vous voulez;
- si vous gardez la photographie ainsi pendant plusieurs mois ou plusieurs années, il sera nécessaire de changer le charbon au moins tous les six mois;
- vous prenez une pyramide de taille classique, comme celle qu'ont les magiciens dans leur matériel;
- prenez ensuite une photographie de vous et posez-la sur le dessus de la pyramide à une période de lune décroissante. Les phases de cette période sont marquées sur les calendriers, aux dates correspondantes, avec les symboles de la pleine lune, ronde et blanche, de la moitié de

Pyramide ornementale réalisée en marbre. Ses dimensions ne correspondent pas à celles de la pyramide de Chéops: elles ne tiennent pas compte des valeurs et des modalités à respecter. Cette pyramide ne peut donc pas être opérationnelle, mais elle peut être utilisée également pour contenir les photographies dans les traitements télépathiques, sans pour autant aider l'opérateur.

lune, blanche, et, enfin, de la lune ronde et noire. Normalement, la période de lune décroissante dure quatorze jours, mais pas toujours, parfois il y a d'infimes différences, toujours indiquées sur les calendriers;
- répétez ce rituel protecteur pour vous-même pendant plusieurs lunaisons, au moins neuf, pour que le résultat soit satisfaisant: il faudra donc environ neuf mois;
- gardez pendant ce temps la photographie de la personne qui vous a procuré la négativité sous le charbon;
- au bout des neuf mois, prenez la photographie de votre ennemi et le charbon utilisé pour neutraliser les ondes nocives;
- le premier lundi qui suit la fin du rituel, rendez-vous près d'un cours d'eau qui ait un bon débit;
- jetez le tout dans le cours d'eau.

Indépendamment de ces simples interventions sur les formes de la pensée créative utilisée au positif, vous devez vous souvenir que certains des rituels dont nous parlerons plus loin sont utiles pour résoudre ces problèmes et qu'il est possible de trouver une aide importante, pour rétablir l'intégrité de l'aura et vous protéger aussi de futures attaques des astres, dans la fabrication d'un talisman apte à conjurer le maléfice dont nous parlions.
Fondamentalement, pourtant, la pensée sera toujours le véhicule le plus approprié pour résoudre le problème.

Astrologie

En magie, il faudrait connaître à fond le thème natal de chaque personne sur laquelle on doit travailler: c'est-à-dire toutes les positions planétaires au moment de sa naissance. Ces données sont utiles pour indiquer les aptitudes, les possibilités et le destin de l'individu, qui trouve ainsi une référence qu'il pourra utiliser pour intervenir sur les situations qui ne se présentent pas favorablement ou selon son goût.

Signe zodiacal et ascendant

Il n'est pas possible dans ce volume de traiter largement de l'astrologie, mais ceux qui désirent le faire peuvent trouver de très bons textes[1]; je vous proposerai donc deux solutions qui s'adaptent bien aux circonstances magiques auxquelles vous êtes sur le point de vous adresser. Dans la réalisation d'un talisman ou d'un rituel magique, vous devrez tenir compte non seulement de la problématique à affronter, mais du nom, de la date de naissance de la personne, de son signe zodiacal et de son ascendant, de

[1] Pierre Lassalle, *Pratique de la nouvelle astrologie*, éditions De Vecchi; J.-P. Nicola, *Pour une astrologie moderne*, éditions du Seuil; E.L. Moeller, *C'est ainsi que la lune vous influence*, et aussi *Votre Horoscope*, collection de livres traitant chacun d'un signe zodiacal, d'auteurs différents, aux éditions De Vecchi.

manière à pouvoir mettre le plus d'éléments possible dans le «jeu magique»; tous ces éléments aident à la réussite, parce que chacun a la possibilité, s'il a vraiment compris les mécanismes de la magie, d'entrer en contact avec les forces et les énergies qui existent dans les éléments, et il est donc clair que plus on dispose d'éléments et mieux on les connaît, plus on peut en tirer avantage.

Pour qui connaît déjà l'astrologie, le calcul de l'ascendant et la découverte des positions planétaires est une routine. Ceux qui approchent cette science pour la première fois aujourd'hui ont évidemment certaines difficultés, tant pour ce qui concerne les positions planétaires que pour connaître les ascendants.

En astrologie, il existe des textes spécifiques relatifs aux positions planétaires qui sont en vente sous le nom d'*Ephémérides*: on peut y trouver la position exacte de toutes les planètes du zodiaque le jour de sa naissance. Pour cela il suffit de savoir lire les symboles figurant les planètes, pour connaître leur emplacement et, par conséquent, tous les lecteurs de ce livre auront la possibilité de s'en servir. Pour connaître l'ascendant, au contraire, il est important d'avoir à sa disposition quelques textes additionnels, avec l'indication des maisons (les secteurs d'influence des signes zodiacaux), des latitudes et des longitudes, ainsi que l'heure sidérale correspondant au moment de la naissance. Il est donc clair que les choses commencent à se compliquer, c'est pourquoi chaque «astrologue» devrait avoir recours à des considérations et à des calculs très complexes. Pour vous aider à trouver l'ascendant, je vous soumets le tableau de la page suivante qui tient déjà compte de tous ces facteurs, en n'oubliant pas qu'en 1911, en France, on a adopté l'heure de Greenwich.

Si vous suivez les explications à la lettre, vous pourrez connaître l'ascendant avec une approximation acceptable, mais justement à cause de cette approximation, je vous suggère de ne pas vous fier aveuglément au résultat, au cas où il se présente à cheval entre deux constellations. Dans ce cas, il vaudra mieux avoir recours à l'astrologue professionnel.

En tenant compte de tous les facteurs, faites le calcul de l'ascendant, en partant avant tout de l'heure exacte de naissance du sujet à examiner, à laquelle vous ajouterez l'heure sidérale, que vous trouverez dans le tableau spécifique de la page 99 où, pour chaque jour de l'année on donne les minutes et les secondes du passage du Soleil au méridien de Greenwich. Si la naissance s'est produite en été, c'est-à-dire quand est en vigueur l'heure légale, vous enlèverez une heure ; enfin, vous diminuerez le résultat obtenu de 24 heures, naturellement s'il est supérieur à ce chiffre. Le résultat définitif correspond à l'heure qui est à considérer ; cherchez-la sur le tableau horaire, et vous trouverez l'ascendant.

TABLEAU HORAIRE POUR LA RECHERCHE DE L'ASCENDANT

Nord de la France

Heure de début	*Heure de fin*	*Signe*
0h30	à 3h16	Lion
3h16	à 6h	Vierge
6h	à 8h45	Balance
8h45	à 11h30	Scorpion
11h30	à 13h59	Sagittaire
13h59	à 15h49	Capricorne
15h49	à 17h02	Verseau
17h02	à 18h	Poissons
18h	à 18h58	Bélier
18h58	à 20h12	Taureau
20h12	à 22h04	Gémeaux
22h04	à 0h30	Cancer

Sud de la France

Heure de début	*Heure de fin*	*Signe*
0h44	à 3h22	Lion
3h22	à 6h	Vierge
6h	à 8h39	Balance
8h39	à 11h16	Scorpion
11h16	à 13h42	Sagittaire
13h42	à 15h34	Capricorne
15h34	à 16h56	Verseau
16h56	à 18h	Poissons
18h	à 19h05	Bélier
19h05	à 20h27	Taureau
20h27	à 22h18	Gémeaux
22h18	à 0h44	Cancer

L'HEURE LEGALE EN FRANCE

Année	*Début*	*(heure)*	*Fin*	*(heure)*
1916	14 juin	à 23 h	1er octobre	à 24 h
1917	24 mars	à 23 h	7 octobre	à 24 h
1918	9 mars	à 23 h	6 octobre	à 24 h
1919	1er mars	à 23 h	5 octobre	à 24 h
1920	14 février	à 23 h	25 octobre	à 24 h
1921	14 mars	à 23 h	25 octobre	à 24 h
1922	25 mars	à 23 h	7 octobre	à 24 h
1923	25 mai	à 23 h	6 octobre	à 24 h
1924	29 mars	à 23 h	4 octobre	à 24 h
1925	4 avril	à 23 h	3 octobre	à 24 h
1926	17 avril	à 23 h	2 octobre	à 24 h
1927	9 avril	à 23 h	1er octobre	à 24 h
1928	14 avril	à 23 h	6 octobre	à 24 h
1929	20 avril	à 23 h	5 octobre	à 24 h
1930	12 avril	à 23 h	4 octobre	à 24 h
1931	18 avril	à 23 h	3 octobre	à 24 h
1932	2 avril	à 23 h	1er octobre	à 24 h
1933	25 mars	à 23 h	6 octobre	à 24 h
1934	7 avril	à 23 h	6 octobre	à 24 h
1935	30 mars	à 23 h	5 octobre	à 24 h
1936	18 avril	à 23 h	3 octobre	à 24 h
1937	3 avril	à 23 h	2 octobre	à 24 h
1938	26 mars	à 23 h	1er octobre	à 24 h
1939	15 avril	à 23 h	18 novembre	à 24 h
1940	15 juin	à 11 h		
1941			6 octobre	à 24 h
1942	9 mars	à 24 h	2 novembre	à 4 h
1943	29 mars	à 7 h	4 octobre	à 23 h
1944	3 avril	à 2 h	8 octobre	à 1 h
1945	2 avril	à 2 h	16 septembre	à 3 h
1976	28 mars	à 2 h	26 septembre	à 2 h
1977	3 avril	à 2 h	25 septembre	à 3 h
1978	2 avril	à 2 h	1er octobre	à 3 h
1979	1er avril	à 2 h	30 septembre	à 3 h
1980	6 avril	à 2 h	28 septembre	à 3 h
1981	29 mars	à 2 h	27 septembre	à 3 h
1982	28 mars	à 2 h	26 septembre	à 3 h
1983	27 mars	à 2 h	25 septembre	à 3 h
1984	25 mars	à 2 h	30 septembre	à 3 h
1985	31 mars	à 2 h	29 septembre	à 3 h
1986	30 mars	à 2 h	28 septembre	à 3 h
1987	29 mars	à 2 h	27 septembre	à 3 h
1988	27 mars	à 2 h	25 septembre	à 3 h

TABLEAU POUR LA RECHERCHE DE L'HEURE SIDERALE

Jours	*Jan.*	*Fév.*	*Mars*	*Avril*	*Mai*	*Juin*	*Juillet*	*Août*	*Sept.*	*Oct.*	*Nov.*	*Déc.*
1	6h34	8h38	10h33	12h36	14h33	16h36	18h34	20h37	22h39	0h37	2h39	4h38
2	6h40	8h42	10h37	12h40	14h37	16h43	18h38	20h41	22h43	0h41	2h43	4h42
3	6h44	8h46	10h40	12h44	14h41	16h43	18h42	20h45	22h47	0h45	2h47	4h46
4	6h48	8h50	10h44	12h48	14h45	16h47	18h46	20h49	22h51	0h49	2h51	4h50
5	6h52	8h54	10h48	12h52	14h49	16h51	18h50	20h53	22h55	0h53	2h55	4h54
6	6h56	8h58	10h52	12h55	14h53	16h55	18h54	20h57	22h59	0h57	2h59	4h57
7	7	9h02	10h56	12h58	14h57	16h59	18h58	21	23h03	1h01	3h03	5h01
8	7h04	9h06	11h	13h02	15h01	17h03	19h02	21h04	23h07	1h05	3h07	5h05
9	7h08	9h10	11h04	13h06	15h05	17h07	19h06	21h08	23h11	1h09	3h11	5h09
10	7h12	9h14	11h08	13h10	15h09	17h11	19h10	21h12	23h14	1h13	3h15	5h13
11	7h15	9h18	11h12	13h14	15h13	17h15	19h14	21h16	23h18	1h17	3h19	5h17
12	7h19	9h22	11h16	13h18	15h17	17h19	19h18	21h20	23h22	1h21	3h23	5h21
13	7h23	9h26	11h20	13h22	15h21	17h23	19h22	21h24	23h26	1h25	3h27	5h25
14	7h27	9h30	11h24	13h26	15h24	17h27	19h26	21h28	23h30	1h29	3h31	5h29
15	7h31	9h33	11h28	13h30	15h28	17h31	19h30	21h32	23h34	1h32	3h35	5h33
16	7h35	9h37	11h32	13h34	15h32	17h34	19h34	21h36	23h38	1h36	3h39	5h37
17	7h39	9h41	11h36	13h38	15h36	17h38	19h38	21h40	23h42	1h40	3h43	5h41
18	7h43	9h45	11h40	13h42	15h40	17h42	19h42	21h44	23h46	1h44	3h47	5h45
19	7h47	9h49	11h44	13h46	15h44	17h46	19h46	21h48	23h50	1h48	3h50	5h49
20	7h51	9h53	11h48	13h50	15h48	17h50	19h49	21h52	23h54	1h52	3h54	5h53
21	7h55	9h57	11h52	13h54	15h52	17h54	19h53	21h56	23h58	1h56	3h58	5h57
22	7h59	10h01	11h55	13h58	15h56	17h58	19h57	22	00h02	2h	4h02	6h01
23	8h03	10h05	11h58	14h02	16h	18h02	20h02	22h04	00h06	2h04	4h06	6h05
24	8h07	10h09	12h02	14h06	16h04	18h06	20h06	22h08	00h10	2h06	4h10	6h09
25	8h11	10h13	12h06	14h10	16h08	18h10	20h10	22h12	00h14	2h12	4h14	6h13
26	8h15	10h17	12h10	14h14	16h12	18h14	20h14	22h16	00h18	2h16	4h18	6h17
27	8h19	10h21	12h14	14h18	16h16	18h18	20h18	22h20	00h23	2h20	4h22	6h21
28	8h23	10h25	12h18	14h22	16h20	18h22	20h22	22h24	00h26	2h24	4h26	6h24
29	8h26	10h29	12h22	14h26	16h24	18h26	20h26	22h27	00h30	2h28	4h30	6h28
30	8h30		12h26	14h29	16h28	18h30	20h30	22h31	00h34	2h32	4h34	6h32
31	8h34		12h30		16h32	20h33	22h35		2h36		6h36	

Exemple

Lucie, née le 8 mai 1947 à Paris, signe zodiacal : Taureau

heure de naissance :	18 h 15
heure sidérale :	15 h 01
	= 33 h 16
heure d'été :	moins 1 h
heure obtenue :	32 h 16
heures en plus :	24 h
heure à considérer :	= 8 h 16

Sur la base d'un tel horaire, on voit d'après le tableau de la page 97 que l'ascendant est Balance.

Correspondances planétaires

Les talismans et la magie en général peuvent se réaliser en respectant exclusivement les 7 planètes magiques qui reviennent tous les jours de la semaine: il est donc beaucoup plus important de savoir reconnaître les correspondances planétaires de façon à pouvoir procéder correctement, non seulement pour les planètes en liaison avec les jours de la semaine, mais pour tous les rituels utiles en magie.

Dans la *Clé de Salomon* ont été traitées toutes les correspondances nécessaires pour réaliser la « magie de Salomon » qui est entre toutes la plus éprouvée et la plus utilisée, car chacun de ses aspects a été développé exhaustivement et, ainsi, quand vous voudrez réaliser un talisman, vous aurez le moyen de savoir non seulement quels matériaux utiliser, mais aussi à quelles entités divines vous devez vous adresser et quel sacrifice faire en leur honneur, pour obtenir ce que vous êtes en train de demander.

Pour réaliser au mieux un talisman ou un rituel magique, il ne suffit pas de se mettre en contact avec l'énergie (*mana*) des objets ou des situations qui se façonnent, mais il faut savoir entrer en contact avec les divinités qui sont les meilleures pour servir d'intermédiaire entre l'homme et les planètes qui influencent sa vie.

Les carrés planétaires

L'astrologie permet de connaître à fond ces influences, mais puisque l'origine de l'homme n'est pas humaine, en magie, plutôt que de connaître les aspects caractéristiques et le destin indiqué par les planètes dans le thème natal de chacun, il vaut mieux connaître les entités divines (subdivisées en anges, archanges, démons, archidémons, intelligences, sephiroth, nombres, couleurs) préposées pour des tâches spécifiques, auxquelles on doit faire référence avant chaque enchantement planétaire; et tenant compte du fait que toutes les énergies et les entités divines sont l'expression de l'univers que nous connaissons, et expriment donc en même temps des valences positives et des valences négatives, l'opérateur devra choisir l'une ou l'autre forme de mise en œuvre.
Pour mettre en œuvre une méthode de ce type apte à faire se réaliser les enchantements, on doit d'abord préparer avant chaque opération le nécessaire, entre autres le pentagramme et les carrés planétaires qui doivent absolument être réalisés par le magicien pour que toute opération magique puisse donner un résultat positif, et on doit ensuite conserver le tout dans un lieu à l'écart, purifié, jusqu'à ce qu'on l'utilise.

Phase préparatoire pour le matériel magique

Procurez-vous d'abord le nécessaire:
- quelques feuilles de parchemin végétal de 30 cm de côté;
- un stylo à plume, avec 7 plumes;
- 7 encres avec les couleurs des 7 jours planétaires;
- un candélabre hébraïque à 7 branches (appelé *menorah*) ou, à la place, autant de bougies pour les 7 chandelles;
- 7 morceaux de soie des couleurs planétaires;
- un tissu blanc en coton de la grandeur d'un mouchoir;
- 2 tissus identiques au premier, mais 3 fois plus grands;
- un jeu d'épingles avec les têtes de couleur;
- une cuillère d'huile d'olive (pour sacraliser les bougies);
- des bâtonnets d'encens pour enfumer l'ambiance et purifier tous les objets précédemment décrits.

Enfin, procédez de la façon suivante:
- faites passer sous l'encens allumé tous les objets que vous avez préparés, à l'exception du chandelier;
- lavez soigneusement le chandelier avec beaucoup d'eau et de sel et essuyez-le parfaitement avec un linge propre ou bien mettez-le dans un four, pourvu qu'il ne soit pas électrique;
- faites briller soigneusement le chandelier;
- lavez-le une seconde fois, dans une solution d'eau et de sel que vous venez de préparer et laissez-le sécher à l'air, en le retournant;
- passez le chandelier sous l'encens en le fumant;
- enduisez-le de l'huile que vous avez préparée auparavant;
- enlevez l'excès d'huile avec le plus petit linge blanc et remettez le chandelier dans le grand linge, loin des mains indiscrètes;
- la phase suivante sera le dessin du pentagramme.

Préparation du pentagramme

Il faudra agir le premier dimanche de lune montante, au moins 30 minutes avant l'aube, et se conduire ainsi:
- préparez l'encens pour la purification;
- passez au-dessus de lui tous les objets et enfumez-les abondamment;
- tournez-vous vers l'est et préparez-vous à dessiner au crayon le pentagramme;
- vous devez avant tout tracer un tétragramme ou une rose des vents, avec les 4 points cardinaux (Nord-Sud-Est-Ouest), qui renfermera en soi les 4 éléments; le tétragramme ainsi tracé devra être en forme de croix celtique ou de croix des éléments, pour mieux équilibrer le nom divin;
- à l'intérieur, exactement au centre, dessinez un petit cercle avec une croix tournée en direction des quatre points cardinaux: elle représente l'élévation de l'esprit;
- dirigée vers chaque point cardinal, en dehors du petit cercle, à l'intersection de la croix, écrivez la lettre hébraïque *schin*, avec une valeur numérique de 300, de façon à pouvoir le dominer.

Continuez en écrivant les points cardinaux en dehors de la grande croix celtique, et sous chacun d'eux, à l'intérieur, les lettres hébraïques équivalentes :

- Nord : pour les demandes d'ordre matériel et pratique, vous adjoindrez la lettre hébraïque *he*, qui représente la terre en tant qu'élément naturel féminin et comme valeur numérique 5 ;
- Est : pour les demandes d'ordre spirituel et idéaliste, vous adjoindrez la lettre hébraïque *vau*, qui représente l'élément air, de genre masculin et avec une valeur numérique 6 ;
- Sud : pour les revendications comme la haine et la vengeance ou pour des évocations et le médiumnisme, vous adjoindrez la lettre hébraïque *iod* qui représente l'élément feu, de genre masculin et de valeur numérique 10 ;
- Ouest : pour développer les phénomènes paranormaux, en particulier la voyance et la précognition, vous adjoindrez la lettre hébraïque *he* qui représente l'élément eau, de genre féminin et de valeur numérique 5.

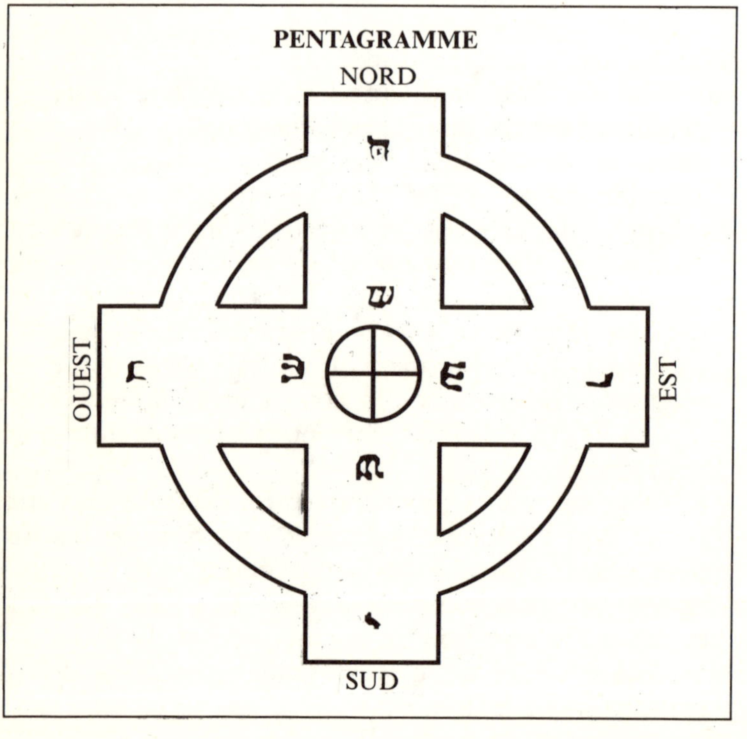

CARRE PLANETAIRE DU SOLEIL

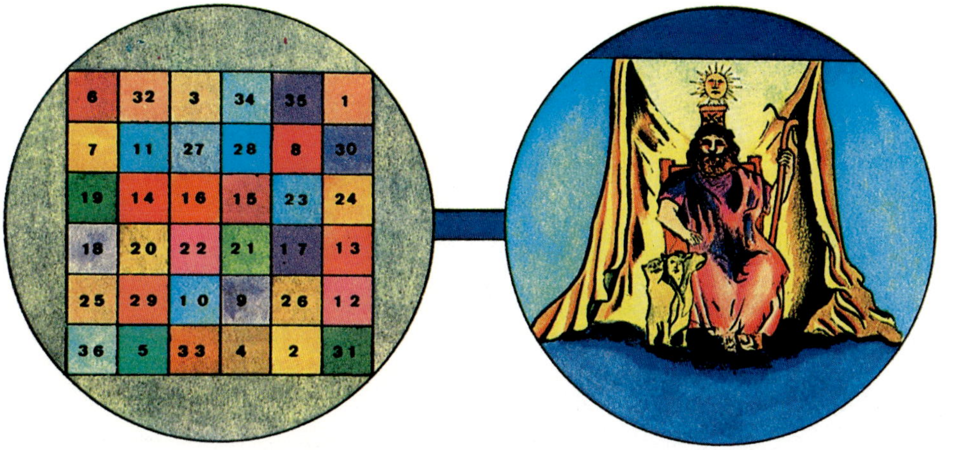

CARRE PLANETAIRE DE MARS

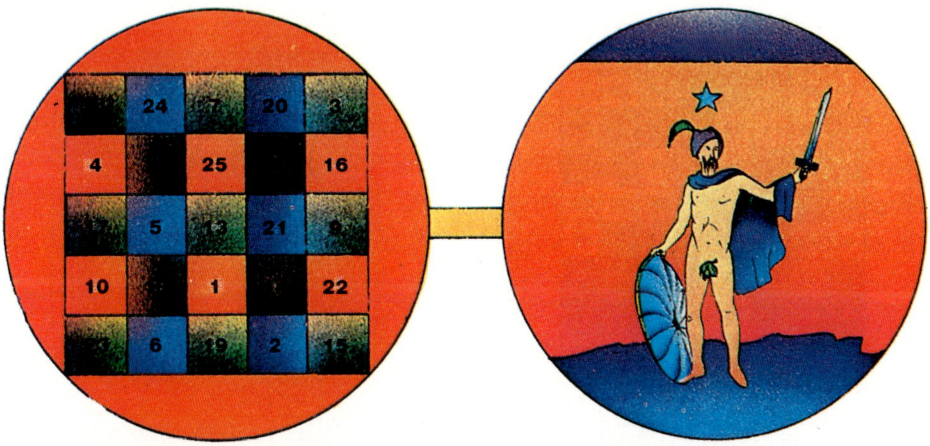

CARRE PLANETAIRE DE LA LUNE

37	78	29	70	21	62	13	54	5
6	38	79	30	71	22	63	14	46
47	7	39	80	31	72	23	55	15
16	48	8	40	81	32	64	24	56
57	17	49	9	41	73	33	65	25
26	58	18	50	1	42	74	34	66
67	27	59	10	51	2	43	75	35
36	68	19	60	11	52	3	44	76
77	28	69	20	61	12	53	4	45

CARRE PLANETAIRE DE MERCURE

8	58	59	5	4	62	63	1
49	15	14	52	53	11	10	56
41	23	22	44	45	19	18	48
32	34	35	29	28	38	39	25
40	26	27	37	36	30	31	39
17	47	46	20	21	43	42	24
9	55	54	12	13	51	50	16
64	2	3	61	60	6	7	57

CARRE PLANETAIRE DE VENUS

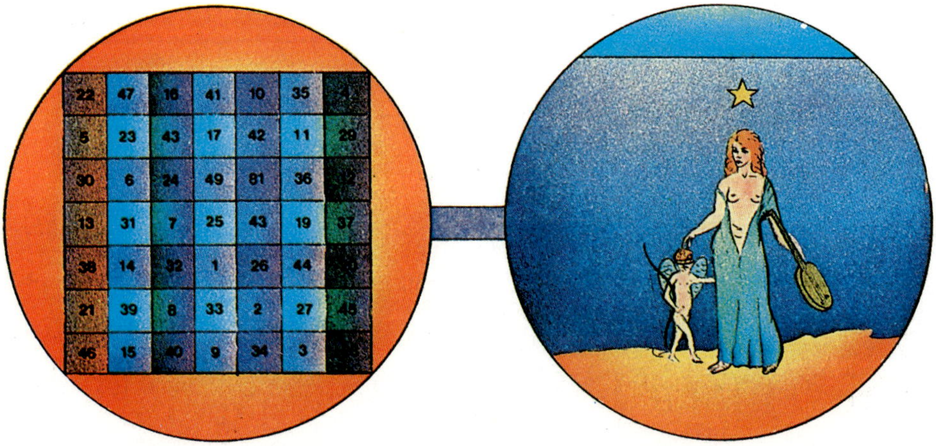

CARRE PLANETAIRE DE JUPITER

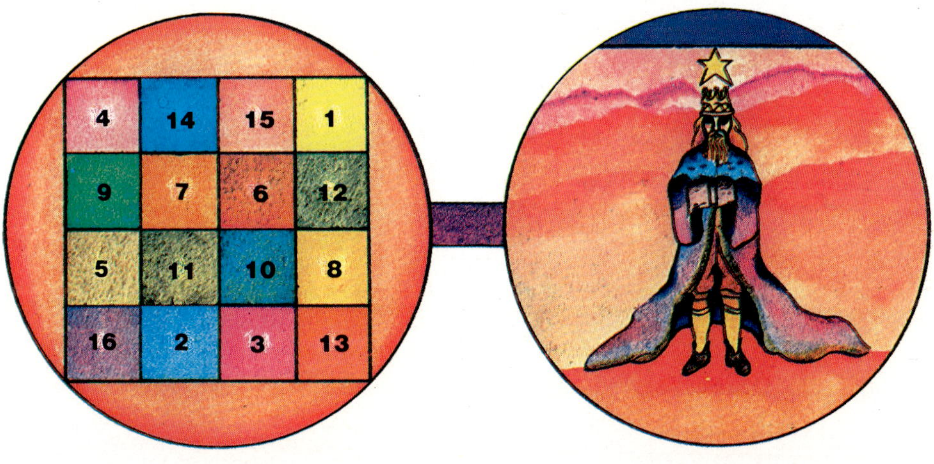

CARRE PLANETAIRE DE SATURNE

Les quatre lettres hébraïques additionnées donneront le nombre 26 et, ajoutées à la lettre *schin* centrale, tournée vers les points cardinaux, elles formeront le pentagramme **Ihshvh** avec une valeur totale de 326.
Répétez mentalement trois fois le nom divin **yeheshuah** :
- prononcez ensuite à haute voix en le scandant et en le faisant vibrer, de cette façon : ye-he-shuah, pendant que vous posez les mains sur le dessin que vous venez de tracer ;
- à l'aube du lendemain, repassez le tracé d'une partie du pentagramme à l'encre de Chine noire, pendant que vous continuez à faire vibrer intérieurement le nom divin, en n'oubliant pas de le passer sur la fumée de l'encens ;
- reposez le pentagramme que vous aurez eu soin de coller, avec de la gomme arabique, sur un carton noir ou sur une petite tablette de bois très légère, pour le conserver au mieux enroulé dans le dernier linge libre, à côté du chandelier que vous avez rangé la semaine précédente.

Préparation des carrés planétaires

Le dimanche qui suit immédiatement celui du pentagramme, vous devrez préparer les carrés planétaires et, pour ce faire, vous devrez procéder ainsi :
- rappelez-vous que vous devez rester tourné vers l'est ;
- disposez les parchemins découpés par avance ;
- consacrez les 7 bougies planétaires, chacune selon son heure, mais commencez par celle du Soleil et terminez par celle de Saturne ;
- enduisez-les une par une avec le pouce droit trempé dans de l'huile d'olive ;
- pendant que vous vous livrez à cette opération, prononcez la formule magique : **apo – pantos – kakodaimonos** ;
- passez chaque bougie sur les encens et incisez avec l'épingle de même couleur le symbole du sceau planétaire qui se réfère à la bougie et à l'heure exacte, en répétant à haute voix le nom de l'intelligence qui se rapporte à la planète ;

- après avoir préparé la première bougie, dessinez le carré planétaire qui se rapporte à la planète avec laquelle vous êtes en train de travailler, en traçant les contours avec le crayon;
- puis repassez-les à l'encre de Chine de la couleur correspondant à la planète avec laquelle vous êtes en train de travailler;
- écrivez les chiffres à l'intérieur du carré avec l'encre de Chine que vous avez utilisée pour le cadre et les petits carrés;
- partez du chiffre le plus bas, c'est-à-dire le 1, et allez vers le chiffre le plus élevé, sans retourner en arrière et sans perdre votre concentration (s'il vous arrivait de vous tromper, rappelez-vous que l'erreur peut rendre nul votre travail: vous devrez donc brûler le parchemin et le refaire depuis le début);
- collez les parchemins des carrés planétaires avec de la gomme arabique, sur des cartons bien renforcés ou sur des tablettes de bois et reposez-les avec soin à côté des bougies et du chandelier, en vous souvenant que ce sont des ouvrages que vous devrez parachever au mieux, dans la mesure où ils seront la clé magique pour ouvrir la porte de l'envoûtement et le rendre réalisable (si vous le désirez, vous pouvez les encadrer pour en faire des tableaux avec un cadre en bois précieux);
- après sept heures, vous aurez terminé l'opération de la consécration de toutes les bougies et des carrés planétaires qui, même s'ils ont une forme très rudimentaire, reproduisent exactement les objets rituels qui étaient utilisés dans le temple de Salomon, dont nous sommes issus.

Activation des forces des carrés planétaires

Souvenez-vous que les heures magiques du jour et de la nuit servent normalement à donner de l'énergie, à approcher, porter vers soi ce qu'on désire, dans les phases qui vont de l'aube à midi et du crépuscule à minuit, alors qu'elles servent à décharger, éloigner de soi, dans les phases qui vont de midi au crépuscule et de midi à l'aube; il faudra se comporter de façon à ce que le carré planétaire puisse vraiment être activé, selon la méthode suivante:

CARRE PLANETAIRE DE LA LUNE

37	78	29	70	21	62	13	54	5
6	38	79	30	71	22	63	14	46
47	7	39	80	31	72	23	55	15
16	48	8	40	81	32	64	24	56
57	17	49	9	41	73	33	65	25
26	58	18	50	1	42	74	34	66
67	27	59	10	51	2	43	75	35
36	68	19	60	11	52	3	44	76
77	28	69	20	61	12	53	4	45

CARRE PLANETAIRE DU SOLEIL

6	32	3	34	35	1
7	11	27	28	8	30
19	14	16	15	23	24
18	20	22	21	17	13
25	29	10	9	26	12
36	5	33	4	2	31

CARRE PLANETAIRE DE MARS

11	24	7	20	3
4	12	25	8	16
17	5	13	21	9
10	18	1	14	22
23	6	19	2	15

CARRE PLANETAIRE DE MERCURE

8	58	59	5	4	62	63	1
49	15	14	52	53	11	10	56
41	23	22	44	45	19	18	48
32	34	35	29	28	38	39	25
40	26	27	37	36	30	31	33
17	47	46	20	21	43	42	24
9	55	54	12	13	51	50	16
64	2	3	61	60	6	7	57

CARRE PLANETAIRE DE VENUS

22	47	16	41	10	35	4
5	23	48	17	42	11	29
30	6	24	49	18	36	12
13	31	7	25	43	19	37
38	14	32	1	26	44	20
21	39	8	33	2	27	45
46	15	40	9	34	3	28

CARRE PLANETAIRE DE JUPITER

4	14	15	1
9	7	6	12
5	11	10	8
16	2	3	13

CARRE PLANETAIRE DE SATURNE

4	9	2
3	5	7
8	1	6

- si l'envoûtement est destiné à fortifier et est imprégné de force masculine, donc croissante, il faudra agir à la première heure de l'aube;
- si l'envoûtement est toujours masculin, mais destiné à affaiblir ou éloigner, il faudra agir à la huitième heure du jour;
- si l'envoûtement est destiné à fortifier ou rapprocher une force féminine, on devra passer à l'action à la troisième heure de la nuit;
- si l'envoûtement a comme but de faire diminuer la force féminine et de l'éloigner, on devra agir à la dixième heure de la nuit.

Dans le lieu choisi, vous devez préparer un autel orné ainsi:
- sur le plan de travail, étendez un linge de couleur noire;
- allumez sur les côtés l'encens placé sur deux brasiers, avec de l'encens planétaire correspondant au type d'opération à effectuer et posé sur des charbons ardents (ou bien des encens en bâtonnets);
- appuyez-vous sur le pentagramme que vous aviez dessiné, vos bras croisés correspondant aux 4 points cardinaux;

- sur le pentagramme, exactement au milieu, posez le chandelier (menorah) hébraïque à 7 branches, que vous avez préparé auparavant;
- introduisez les 7 chandelles en suivant exactement cet ordre de gauche à droite : or - blanc - jaune - vert - rouge - violet (ou bleu royal) - noir;
- allumez la bougie correspondant à la couleur avec laquelle vous devez opérer;
- répétez ces paroles de force au moins 18 fois : **Om hem rim klim ciamunda e vicce**;
- posez le carré planétaire avec lequel vous allez travailler, pour en activer les forces, de façon à pouvoir le voir clairement;
- tracez le réseau du carré avec l'index de la main droite, en le dessinant en l'air, face au carré lui-même;
- toujours avec l'index, dessinez en l'air chaque chiffre correspondant, du plus petit au plus grand;
- si vous avez une baguette magique ou un poignard magique, vous pouvez faire les deux dernières opérations avec ces accessoires, mais tenez le bras droit tendu;
- si vous commettez des erreurs de procédure, vous devez recommencer car une erreur dans l'enchaînement pourrait mettre en mouvement des forces différentes de celles que vous voulez attirer; ayez donc soin de ne pas provoquer une situation de ce type qui pourrait même échapper à votre contrôle;
- prononcez à voix haute sur un ton de commandement le nom qui se rapporte à la divinité de l'ange ou du démon que vous avez décidé d'attirer, en lui demandant d'activer le carré magique avec force et intelligence, au nom du dieu auquel la divinité correspond;
- concentrez-vous tout de suite après cette formule, en visualisant la situation que vous voulez réaliser, en imaginant qu'elle entre dans le carré magique invisible que vous venez de tracer avec le doigt de la main droite ou avec le bâton de commande;
- ensuite prononcez cette phrase ou une qui lui ressemble beaucoup : **Que ma volonté soit faite. Amen**;
- confirmez votre volonté, en traçant toujours avec le bras droit et l'index, ou la baguette, ou le bâton magique, trois croix avec les bras, pour que les souhaits que vous venez d'exprimer se réalisent;

CORRESPONDANCES PLANETAIRES

SOLEIL	
jour	dimanche
nom divin	Eloah Vadaath
archange	Michael
ange	Malachim
archidémon	Belphégor
démon	Tagaririm
intelligence	Nachiel
sephiroth	6-Tiphereth
nombres	6-11-36-666
couleur	or-orange
encens	santal-olivier

LUNE	
jour	lundi
nom divin	Shaddai-El Chai
archange	Gabriel
ange	Kerubim
archidémon	Lilith
démon	Gsmaliel
intelligence	Malchabethsrisim hed beruah schehakim
sephiroth	9-Yesod
nombres	9-81-369-3321
couleur	blanc-nacré
encens	camphre-graines de pavot

MARS	
jour	mardi
nom divin	Elohim Gibor
archange	Samuel
ange	Seraphim
archidémon	Asmodeus
démon	Galab
intelligence	Graphiel
sephiroth	5-Geburah
nombres	5-25-65-325
couleur	rouge
encens	poivre-menthe

MERCURE	
jour	mercredi
nom divin	Elohim Tzabaoth
archange	Raphaël
ange	Beni Elohim
archidémon	Adrammelech
démon	Samael
intelligence	Tiriel
sephiroth	8-Hod
nombres	8-64-260-2080
couleur	irisé-métal
encens	camomille-valériane

JUPITER	
jour	jeudi
nom divin	El
archange	Sachiel
ange	Seraphim
archidémon	Ashtaroth
démon	Gamchicotl
intelligence	Nachiel
sephiroth	4-Chesed
nombres	4-16-34-136
couleur	bleu royal-pourpre
encens	safran-cèdre

VENUS	
jour	vendredi
nom divin	Jeovah Tzabaoth
archange	Haniel
ange	Elohim
archidémon	Baal
démon	Harab-Serapel
intelligence	Seraphim
sephiroth	7-Netzach
nombres	7-49-175-1225
couleur	vert
encens	verveine-rose

SATURNE	
jour	samedi
nom divin	Jehovah Elohim
archange	Cassiel
ange	Aralim
archidémon	Lucifer
démon	Satariel
intelligence	Agiel
sephiroth	3-Binah
nombres	3-9-15-45
couleur	noir
encens	tabac-pin

- enfin, préparez le talisman que vous avez choisi de faire ou bien exécutez l'enchantement que vous aurez décidé d'exécuter (toutes les méthodes des talismans et de la magie seront indiquées dans les chapitres suivants);
- remerciez les forces que vous avez sollicitées pour l'enchantement et pour la réalisation du carré magique et libérez-les à haute voix;
- remerciez le dieu de ces forces et demandez-lui de vous aider à réaliser l'enchantement magique que vous venez de terminer;
- enfin rangez le matériel que vous avez utilisé, en le reposant avec soin, comme indiqué dans la phase précédente de la préparation.

Talismans, pentacles et amulettes

Chaque force possède une force propre animée et naturelle qui est invisible à l'œil humain, mais certains hommes sont en mesure d'entrer en contact avec cette force naturelle puisque eux-mêmes la possèdent. Cette force est connue sous le nom de «mana» et imprègne tout l'univers. Les talismans sont donc le produit de l'esprit et des actions de l'homme qui possède le mana et, à travers certains symboles appropriés, ce pouvoir magique est activé.

Comment les définir

Avant d'entrer magiquement dans le rapport avec les objets rituels dont nous parlerons, je voudrais rappeler les définitions qu'en donnent les dictionnaires:

Talisman: objet (pierre, anneau, etc.) sur lequel sont gravés ou inscrits des signes consacrés et auquel on attribue des vertus magiques de protection, de pouvoir (Robert).
Pentacle: talisman en forme d'étoile à cinq branches (Larousse).
Amulette: petit objet qu'on porte sur soi dans l'idée superstitieuse qu'il préserve des maladies, dangers, maléfices (Robert).

Comme un bon observateur l'aura noté, les définitions sont certainement correctes d'un point de vue linguistique, mais elles paraissent être le fruit de racontars puérils, comme s'il n'existait pas, pourtant, d'experts en la matière ; mais peut-être est-ce justement ainsi, parce que ce qui manque bien souvent aux magiciens, ce ne sont pas les bonnes intentions ou les attitudes qui interviennent dans la magie, mais c'est la connaissance, et ce volume veut combler un manque de cet ordre qui n'est pas acceptable de la part d'un professionnel qui se respecte. Dans le cas contraire, le magicien sera seulement un saboteur.

Comment les distinguer

Entre les talismans et les pentacles, la différence est pratiquement nulle, dans la mesure où le pentacle n'est rien d'autre qu'un talisman sur lequel a été représentée une étoile à cinq branches. Les amulettes sont de nature très différente et elles ne comportent pas de représentations, ou alors elles deviennent des talismans. Il s'ensuit que les talismans sont le fruit d'un choix humain qui ne se limite pas à les posséder ou à les porter sur soi, mais qui en crée et en grave les formes. Les amulettes sont au contraire des

Séries de pendentifs-amulettes réalisés en métal, dents d'animaux, corail et ivoire travaillés.

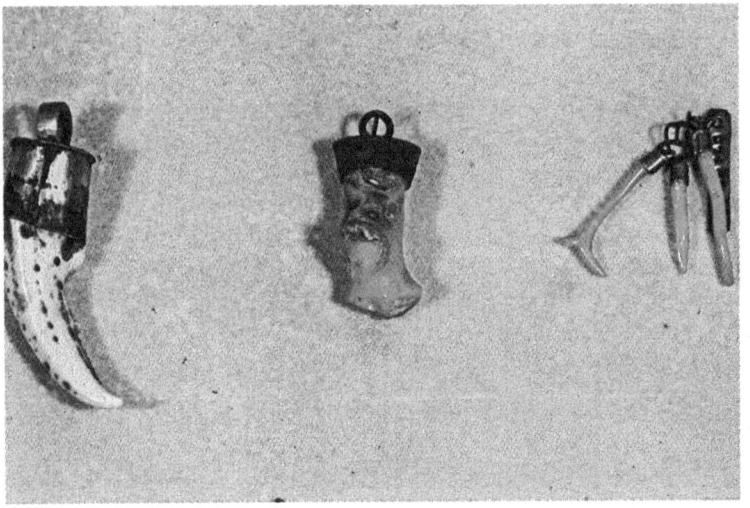

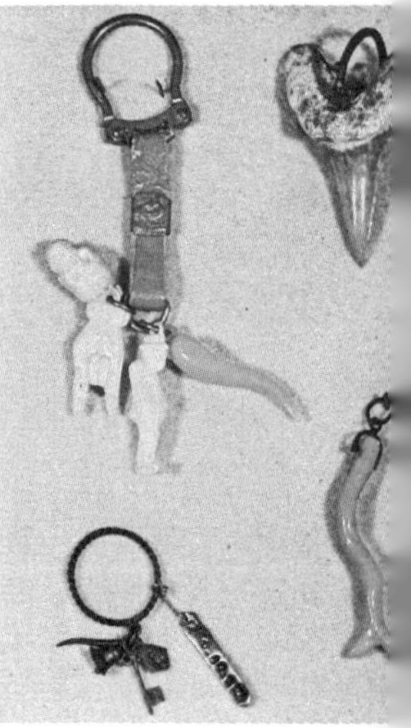

objets qu'on trouve déjà dans la nature et symbolisent exactement ce qu'ils représentent.
Le talisman est actif, rend plus fort, et celui qui le porte sur lui doit l'utiliser d'une manière active ; il est symbolisé par une lame, alors que l'amulette joue simplement un rôle protecteur et est utilisée de cette façon ; elle est symbolisée par un bouclier.

EXEMPLES D'AMULETTES

Le lion est un animal dont les caractéristiques individuelles sont très appréciées par l'homme : courage, force, beauté. Voilà pourquoi une dent de lion confère à celui qui la porte ces caractéristiques. Celui qui porte ladite amulette sent la protection, et le lion qui est en lui s'affirme.
L'éléphant est le symbole d'une matérialisation de la sagesse et de la sagacité. Ses poils sont l'expression matérielle de la force de croissance et c'est pourquoi dans les pays africains, on porte des anneaux de soies d'éléphant en guise d'amulettes.
Une pierre représente l'éternité et la dureté, donc l'énergie de la pierre se transfère sur le porteur qui en prend les caractéristiques.

Le très simple et très connu « fer à cheval » est considéré comme un porte-bonheur dans de nombreuses cultures occidentales : ce n'est pas une véritable amulette mais il peut devenir une mascotte comme le « bossu » ou le porte-clés avec les mains en forme de corne.

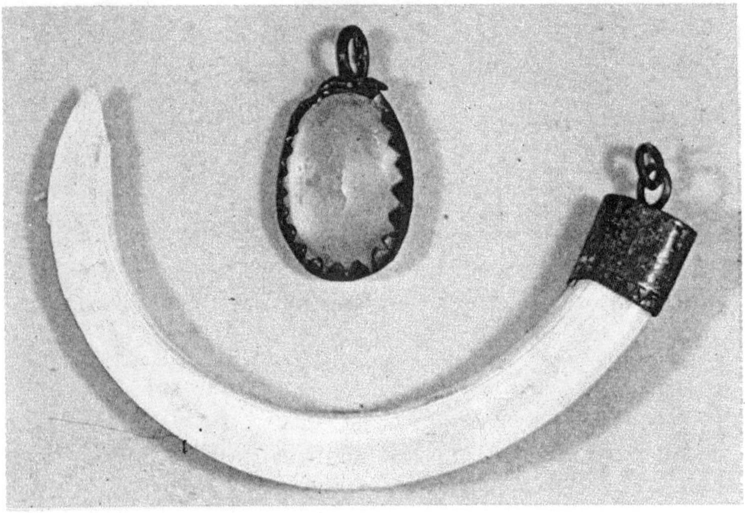

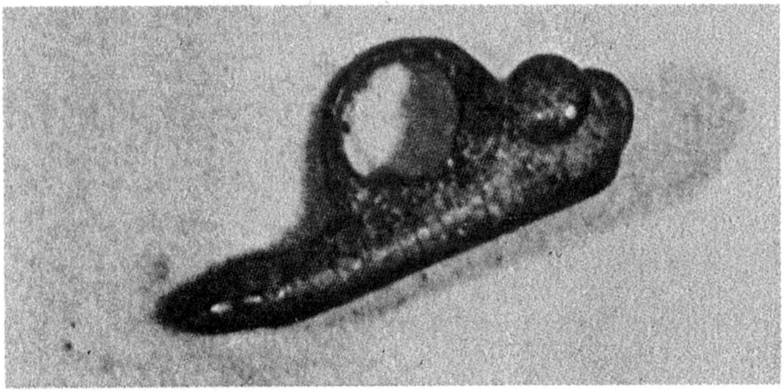

Amulettes protectrices utilisées comme bijoux.

L'amulette est donc un produit de la nature qui offre des possibilités de choix infinies : pourtant nous ne nous en occuperons pas, parce que vous pourrez seul choisir celle qui vous sied, sans devoir opérer sur elle par la magie.

Un exemple de pentacle ou de pentagramme

Heinrich Cornelius Agrippa, philosophe allemand qui vécut de 1486 à 1535 et se fit connaître comme ésotéricien, magicien et occultiste, a imaginé un pentacle, l'étoile à cinq branches, qu'on utilise encore aujourd'hui. Dans le pentacle, qui représente l'homme, les sept planètes utili-

sées dans la philosophie occulte correspondent aux différentes parties du corps.
L'étoile à cinq branches est la plus utilisée dans l'activité talismanique ; elle est en effet une représentation complète de l'homme (microcosme) dans son contact avec l'univers (macrocosme) et les planètes en sont la liaison et le point de jonction. Agrippa a relié Mars à la tête, le Soleil au plexus solaire, la Lune aux organes reproducteurs, Vénus à la main droite, Jupiter à la main gauche, Saturne au pied gauche.

SYMBOLES GRAPHIQUES DES PLANETES

☉ SOLEIL
☾ LUNE
♂ MARS
♀ VENUS
☿ MERCURE
♃ JUPITER
♄ SATURNE

PENTAGRAMME D'AGRIPPA

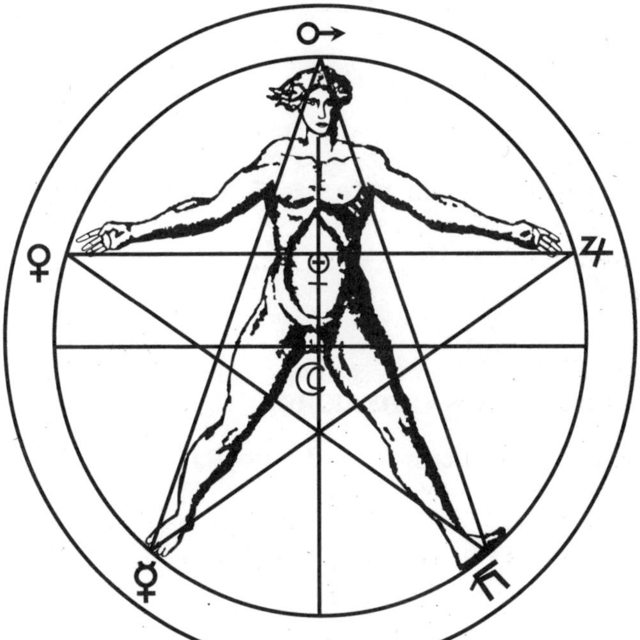

Le choix des connexions planétaires a évidemment été effectué par Agrippa, qui s'est fondé sur la connaissance qu'on en avait à l'époque, susceptible d'être révisée aujourd'hui. Toute bonne tradition réussit à traverser les temps en s'y adaptant ; la philosophie occulte transmet donc, elle aussi, ses coutumes et les rituels doivent être ef-

fectués en tenant compte des usages anciens. L'homme cosmique évoqué par Agrippa à l'intérieur de son macrocosme s'exprime encore grâce à de telles connexions. Mais chaque opérateur-magicien ira mettre dans son propre talisman seulement l'étoile à cinq branches, en symbolisant les références planétaires sans les dessiner pour les rendre visibles: elles resteront invisibles comme dans l'homme cosmique idéal représenté par Agrippa.
Le magicien ira ensuite dessiner les références planétaires exactes qui lui serviront à résoudre les problèmes pour lesquels il a auparavant confectionné un talisman.
Dans les pages qui suivent vous trouverez une large description des significations des planètes et vous pourrez en faire un bon usage.

AUTRES SYMBOLES POUR LES PENTACLES

Pour rendre les pentacles plus opérants, on peut utiliser certains symboles appelés «symboles des parties» qui indiquent ce qu'on veut obtenir, sans devoir recourir à la description détaillée des faits. Reportez-vous à la liste de la page suivante.

Ce que sont les talismans

Les talismans, tout en étant des objets rituels, passés par un rituel magique, ne sont pas l'expression pure de la magie, mais sont des objets dont la fonctionnalité se retrouve dans le sens qui a été donné par la forme, le matériau, les images, les lettres et les chiffres qui sont gravés sur eux ; les talismans n'agissent pas directement sur la matière en modifiant ses effets, mais se comportent comme pourrait le faire un manteau à côté d'une personne qui le porte.
Pour comprendre cette similitude, mieux vaut un exemple. Supposons que nous sortions nus dans la tempête: nous allons sûrement être saisis par les intempéries et il en résultera quelque maladie.
Supposons au contraire que nous sortions dans la tempête, couverts d'un chaud manteau. Ici réside la différence: le temps n'a pas changé, nous n'avons pas changé, mais c'est

○	1 -	ACCORD OU DESACCORD DANS LE MARIAGE		14 -	MORT
	2 -	AMITIES	Ⓢ	15 -	OCCULTISME
	3 -	ANTAGONISMES	Ⓟ	16 -	DANGERS
Ⓐ	4 -	ASTROLOGIE	Ⓡ	17 -	POUVOIR OU RENOMMEE
	5 -	ELEVATION	Ⓔ	18 -	PRISON OU EXIL
Ⓛ	6 -	HEREDITE		19 -	PROCES
Ⓕ	7 -	ENFANTS		20 -	RELIGION
	8 -	CHANCE		21 -	ESPRIT
Ⓖ	9 -	GAINS AU JEU	Ⓨ	22 -	SUCCES OU VICTOIRE
Ⓘ	10 -	INFIRMITES		23 -	DUREE DU MARIAGE
	11 -	LIAISONS OU CONCUBINAGE	Ⓣ	24 -	TRESORS CACHES
	12 -	LONGEVITE		25 -	VOYAGES EN MER
	13 -	MARIAGE		26 -	VOYAGES SUR TERRE

le manteau qui change la situation, bien que ne changeant pas en fait l'état des choses ; nous pourrions dire objectivement que les intempéries n'agiront pas sur nous et que le manteau servira donc de protection, mais de protection active, puisqu'il nous laissera libres d'agir : nous ne serons pas obligés de rester enfermés chez nous, mais nous pourrons être libres d'agir et d'affronter la tempête.
La similitude avec les adversités de la vie est ici bien éclaircie, et vous devez donc être conscient de ce que vous faites et de ce que vous voulez obtenir quand vous décidez de fabriquer un talisman.

Exemples de talismans communs, bénéfiques et maléfiques

Quand on pense aux talismans et qu'on ne les connaît pas, on imagine certainement des objets mystérieux à porter sur soi, chargés de magnétisme et porteurs de chance, mais ce n'est pas seulement ça, même si c'est comme ça en grande partie.

En fait, tous les jours, inconsciemment, nous faisons des gestes symboliques :

- la poignée de main ;
- le signe de croix de la religion catholique ;
- la main levée pour jurer de dire la vérité au tribunal ;
- les doigts croisés pour conjurer le mauvais sort ;
- les cornes pour éloigner les malheurs ;
- le fait de toucher du bois pour éloigner la malchance, etc.

Talismans planétaires réalisés avec du parchemin et des encres, présentant des gravures en alphabet hébraïque et les symboles salomoniques des 7 planètes.

Talismans zodiacaux en papier parchemin et encre magique rituelle, différents dans leur symbolique de ceux de la page voisine parce qu'ils représentent les constellations. On peut remarquer que les constellations sont divisées par élément: le premier à gauche, comporte les signes de terre: Taureau, Vierge et Capricorne; celui du haut, les signes d'eau: Cancer, Scorpion et Poissons; celui du bas, les signes de feu: Bélier, Lion et Sagittaire, le dernier, à droite, les signes d'air: Gémeaux, Balance et Verseau.

Par le contenu symbolique de tels gestes, sans que nous ne nous en rendions compte, nous effectuons tous les jours, et en amateurs, des gestes talismaniques, qui portent en eux la force qu'ils veulent exprimer.

Au nombre des talismans bénéfiques les plus communs, emblèmes de la magie blanche, nous pouvons reconnaître facilement les suivants:

- la croix, talisman utilisé dans le monde entier, dans des buts extrêmement bénéfiques, concerne surtout la vie avec ses valeurs morales et spirituelles (les croix ne sont pas toutes de la même forme) ;
- les petites médailles sur lesquelles sont représentées les images des saints;
- l'étoile à cinq branches (pentacle) avec la pointe vers le haut indique la volonté d'action de l'homme;
- l'étoile de David à six branches indique la communion entre l'homme et Dieu;

- la main de Fatima, qui est un simple porte-bonheur, et d'autres comme ceux qui se trouvent dans toutes les églises : le tabernacle, les hosties, l'eau bénite, la couronne du rosaire, les dessins reproduits sur les ornements.

Pourtant il existe, même s'ils sont peu connus, certains talismans maléfiques, parmi lesquels il est facile de reconnaître :
- les cornes du diable, qui sont l'emblème de la magie noire ;
- le svastika (croix gammée) des nazis, qui représente la mort ;
- l'étoile à cinq branches (pentacle) retournée, qui indique le mal supérieur au bien.

Celui qui penserait encore que les talismans sont seulement le fruit de la superstition devrait bien tenir compte de ce que je viens de décrire.

Quand et comment fabriquer un talisman

Pour fabriquer un talisman, ce n'est pas seulement le matériau et la volonté de le faire qui sont nécessaires, mais il faut faire un état général des choses indispensables à son fonctionnement et donc à sa réussite ; en fait le talisman ne doit être construit que lorsqu'il est vraiment nécessaire à la résolution d'un problème qui semble ne pas pouvoir être résolu avec les moyens logiques et naturels ; on ne doit donc jamais fabriquer un talisman si on n'en a pas vraiment besoin.
On ne peut ni ne doit préparer des talismans pour des faits qui se révèlent du domaine du karma (c'est-à-dire dépendant du destin du sujet, quand on croit qu'ils sont liés à des facteurs causés par des vies précédentes), ou quand le fait de modifier le destin peut faire penser qu'ensuite cela puisse se retourner négativement contre son possesseur ou contre celui qui l'a fabriqué, à moins qu'on n'ait l'intention de favoriser la réalisation du karma.
On ne devrait pas faire de talismans qui peuvent, pour favoriser le demandeur, être dommageables à d'autres personnes.

Pour faire et donner un talisman, on doit tenir compte de l'empathie qui se développera entre le talisman et son possesseur: il faut donc déterminer si le comportement psychologique du sujet peut favoriser sa fonctionnalité ou s'il peut au contraire en être désavantagé, dans la mesure où les hommes, devant des problèmes identiques, ne réagissent pas tous de la même façon.
Il faut en outre tenir compte du fait que le talisman n'est pas constitué seulement du matériau qui le compose dans sa forme extérieure, mais également de la charge d'énergie-pensée et de magnétisme qui lui est prodiguée lors de sa fabrication: une charge d'énergie inutile pourrait provoquer des déséquilibres.
Celui qui se prépare à fabriquer un talisman peut le faire tout seul ou bien en compagnie d'autres qui soient, comme lui, capables d'effectuer réellement un tel ouvrage et puissent se considérer comme initiés et ne fassent donc pas fonction simplement de présences étrangères et curieuses.
Avant tout, les magiciens doivent se purifier dans leur personne physique, dans leur esprit, et le lieu où ils opéreront devra être utilisé seulement pour les rituels magiques, et de même, les vêtements qu'ils portent doivent être préparés spécialement et exclusivement pour la magie.
Pour la purification du milieu, il est nécessaire de brûler de l'encens et d'allumer les chandelles le moment venu, en tenant compte des jours et des heures propices.
Les matériaux choisis avec soin, en relation avec le problème à résoudre, doivent être purifiés avec les mêmes rituels utilisés pour le milieu.
Le jour et l'heure de la fabrication dépendront du problème à résoudre ou bien des connexions planétaires (vous trouverez plus loin les tableaux et les connexions).
Le groupe qui travaillera ensemble devra s'entraîner un certain temps avant de travailler réellement, pour faire en sorte que la concentration et la méditation, qui sont la base de chaque rituel, puissent permettre à tous d'entrer en syntonie, comme cela arrive dans chaque religion, même s'il n'existe pas de préjugés ni de discriminations de doctrine: ce qui est vraiment indispensable, c'est la foi et la pureté de l'esprit.
Pendant toute l'opération, les personnes présentes devront réciter un mantra (prière formée de paroles de puis-

sance) qu'elles auront d'un commun accord décidé d'utiliser pour ce talisman spécifique, en suivant les instructions exposées au paragraphe suivant.

Méthode de réalisation des talismans

Il sera très important de décider dans quelle phase de la lune il faudra procéder à la préparation du talisman :
- **lune décroissante :** pour tout ce qu'on veut repousser ou affaiblir ;
- **lune montante :** pour tout ce qu'on veut attirer ou fortifier.

Il s'ensuit que tous les talismans doivent être soumis au respect de ces phases ; avant de commencer à les fabriquer, vous devrez avant tout choisir les matériaux avec lesquels opérer ; rappelez-vous que vous devez avoir à portée de main tout ce qui va vous servir :
- feuilles de parchemin (si vous décidez de le faire de la manière la plus simple) ;
- carton léger noir, des ciseaux, pour couper, et de la colle arabique pour le coller sur le carton et le renforcer ;
- métal ou pierre sur lesquels dessiner les symboles, si vous choisissez ces matériaux ;
- encre de Chine de différentes couleurs ;
- encre de Chine or ;
- plumes convenant pour l'encre de Chine ;
- herbes, racines, parfums, ou autre chose si vous voulez adjoindre ces choses au talisman ;
- sachet en soie de la couleur préchoisie, cousu à la main, pour contenir tout ceci ;
- linge en tissu blanc propre, pour poser tout le matériel de l'opération ;
- chandelles de la couleur préchoisie bien disposées dans les candélabres ;
- encens à brûler durant la préparation avec l'encensoir ;
- choisissez les symboles à apposer sur le talisman : lettres et nombres ;
- inventez ensuite un mantra (une prière) à utiliser tout le temps de la représentation ;
- allumez les chandelles et les encens pour purifier ;

- passez-les sur tous les objets utiles à la réalisation du talisman.

Procédez de cette façon pour les phases suivantes:
- l'homme, mesure de toutes choses, est tout, est un univers dans l'univers cosmique et le talisman est un anneau de liaison entre l'homme et le cosmos : on le représentera donc avec un cercle fermé qu'on dessinera à l'encre de Chine noire ;
- l'homme vit dans un monde plus fort et plus puissant que lui, ce monde sera représenté par un autre cercle, plus grand que le premier, qui le renfermera dans son centre, toujours à l'encre noire ; étant donné naturellement la perfection de l'univers, le tracé de ce cercle devra être plus marqué que le cercle qu'il renferme ;
- le cercle extérieur qui symbolise le tout s'appellera « macrocosme », et le cercle intérieur, qui symbolise au contraire ce qui existe, s'appellera « microcosme ». Le macrocosme est parfait et ne peut subir de transformations, alors que le microcosme peut tendre vers la perfection ; selon le degré atteint, le cercle intérieur pourra s'approcher du cercle extérieur, mais ne devra jamais, en aucune façon, se superposer au macrocosme que celui-ci représente.

Ce sont les deux premiers éléments d'un talisman et on peut dire que l'homme a ainsi, au moyen de la représentation qu'il en a faite, la possibilité d'atteindre le macrocosme :
- pour l'atteindre, il devra dessiner une représentation constituée de deux lignes, avec le même point d'origine, toujours à l'encre noire ;
- ces lignes ne se rencontreront jamais, parce que l'homme disperse ses énergies ; en ajoutant à ces lignes une ligne horizontale, on obtient un triangle avec un angle dirigé vers le haut, de façon à ce que les forces qui se sont dispersées se réunissent en pointe de flèche, vers les astres ;
- on dessinera enfin un triangle égal au premier, mais avec l'angle dirigé vers le bas, qui représente tout ce qui descend du haut vers le bas et annonce la réponse des astres, que l'homme a invoqués ;

- l'union entre les deux triangles, qui doivent se superposer, symbolise la communion du ciel et de la terre, de l'homme et des astres, et vice-versa, et prend la forme de l'étoile de David, qu'on positionne en haut entre les deux cercles (microcosme-macrocosme);
- la figure suivante à dessiner, en utilisant l'encre de Chine noire, est le pentagramme (étoile à cinq branches) qui représente l'homme dans son aspect physique terrestre; l'angle supérieur est la tête, les quatre autres angles sont les membres (les bras et les jambes);
- si elle est représentée avec l'angle directement vers le haut, elle montrera l'homme dont la volonté conditionne les passions, alors que vers le haut elle exprimera l'homme dont la volonté est écrasée par les passions et on en déduit même facilement que l'homme est un être influençable. Mais l'homme qui dessine son propre talisman révèle sa force, puisqu'il prouve qu'il veut diriger sa volonté vers un but précis et aura donc de meilleures chances que les autres d'y parvenir;
- ajouter les symboles convenant à la réalisation souhaitée, ils doivent être écrits avec les encres de la couleur appropriée;
- si vous avez utilisé les symboles hébraïques, à la fin repassez-les à l'encre dorée.

Pour des situations complexes auxquelles on veut donner une importance particulière et dans certains cas pour personnaliser le talisman, on peut en dessiner un autre qu'on collera ensuite au dos du carton léger noir, en pendant au premier, avec des traits légèrement différents de celui à mettre sur le dessus du carton; en fait, on ne devra plus dessiner le double triangle de connexion, c'est-à-dire l'*hexagramme*, mais on pourra ajouter le nom du possesseur du talisman, sa date de naissance ou un nom magique choisi pour le cas précis.
Quand le talisman sera complet, il deviendra nécessaire d'en affirmer la puissance, avec la méthode suivante:
- l'exposer chaque nuit à l'énergie lunaire (sur un rebord de fenêtre, sur un balcon) en utilisant comme plan d'appui le même tissu blanc que pour la fabrication; couvrir le tout de plastique transparent pour éviter les intempéries;

REALISATION GRAPHIQUE DES TALISMANS

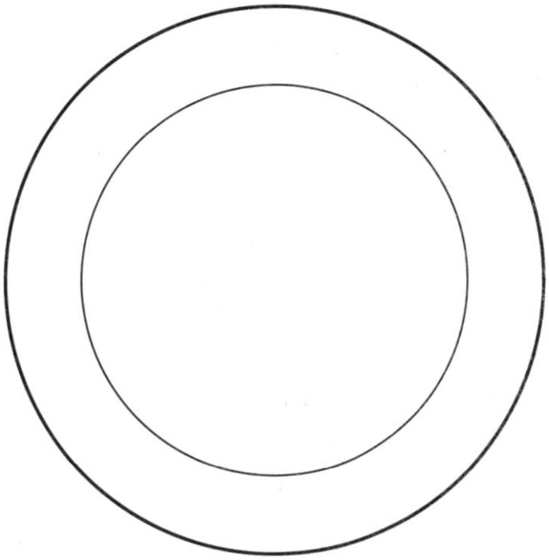

1. Cercles concentriques

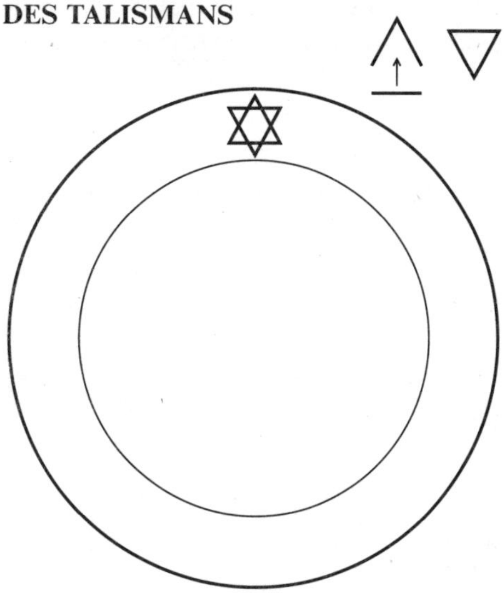

2. Union des deux triangles

3. Insertion de l'étoile à cinq branches qui représente l'homme

4. Insertion de l'inscription en alphabet hébraïque

- le temps d'exposition est en fonction d'une lunaison entière : il doit commencer avec la pleine lune (blanche sur le calendrier) et se terminer avec la pleine lune ou lune noire (noire sur le calendrier), de façon à ce que la première phase décroissante permette au talisman d'être déchargé des énergies et des pensées négatives qui ont pu se former dans l'esprit des personnes présentes et que la deuxième phase croissante lui confère le magnétisme lunaire dont il doit se charger pour être efficace ;
- enfin il faut l'enfermer hermétiquement dans un sachet de la couleur planétaire, avec les herbes, les racines et les parfums qu'on a choisis en plus, avant de le remettre à son destinataire.

Celui ou celle qui entrera en possession du talisman fabriqué spécialement à son intention devra tenir compte de ce qui suit :
- il doit l'accepter spontanément : s'il est imposé à quelqu'un il perd de sa fonctionnalité ;
- le talisman est personnel et ne peut pas être cédé ;
- il peut néanmoins être laissé en héritage ;
- il ne doit jamais être touché par des mains étrangères ;
- il ne doit pas tomber dans l'eau (le ranger avant un bain ou une douche) ;
- il ne doit pas tomber par terre ;
- s'il est en métal ou en pierre, il peut être porté au contact de la peau ;
- il peut être également laissé dans un tiroir à côté des sous-vêtements ;
- s'il est en parchemin, on peut le porter tout le temps sur soi ou, comme on l'a déjà dit; le ranger soigneusement avec ses sous-vêtements personnels.

Les matériaux des talismans

Dans toute discipline humaine, le fait de suivre des règles est certainement important ; aussi, pour mettre au point un talisman, il ne faudra pas agir à l'aveuglette, mais tenir compte du matériau avec lequel il devra être fabriqué, de la couleur, des connexions planétaires et des inscriptions qui pourront donner au talisman la force qu'on veut lui ac-

corder, des jours convenant à sa fabrication, et de nombreuses autres infimes particularités qui servent à le rendre plus efficace.
Les pages suivantes vous indiqueront les connexions adaptées pour réaliser tous les talismans que vous voudrez, en tenant compte en outre du fait que vous pourrez utiliser sans distinction les pierres, les métaux ; ou bien si vous avez du mal à trouver les éléments qui sont, sinon précieux, du moins rares, vous pourrez peindre, avec les couleurs qui rappellent celles des métaux et leur signification, des cailloux, des céramiques, des cristaux ou d'autres matériaux, qui servent à véhiculer l'énergie (ne sont donc pas adaptés aux talismans les matières plastiques, le papier simple, et tout autre élément qui ne laisse pas passer l'énergie). Le bois, au contraire, bien qu'il ne véhicule pas l'énergie, possède une force propre intrinsèque : en fait c'est un objet naturel et pour cela il est déjà une amulette en soi.
Si on utilise une tablette en bois, on peut donc faire d'une amulette un talisman, et ceci vaut aussi pour tous les autres éléments qui existent dans la nature, comme les pierres, les os, les parfums, les fleurs et tout ce qui peut se trouver à votre disposition.
Tenez compte du fait que le jour et l'heure ont un sens précis et qu'on ne doit pas faire en même temps des talismans de sens différent ni même un seul talisman qui mélange toutes les situations qu'on veut réaliser.
Chaque talisman, pour être vraiment efficace, doit posséder sa propre motivation et doit donc être unique ; il est toutefois possible de fabriquer ensemble plusieurs talismans avec des matériaux qui aient le même genre de signification pour des personnes différentes, pourvu qu'ils aient la même finalité.
Pour choisir les matériaux d'un talisman, on doit considérer les finalités qu'on veut atteindre, ou alors, si on veut donner de l'importance au fait que c'est la personne dont il est question, celle qui ne réussit pas à réaliser ses propres intentions et si on veut l'aider pour qu'elle réussisse à obtenir toute seule ce qu'elle veut, on doit alors fabriquer le talisman en fonction de son signe zodiacal. Le choix peut être fait selon certaines appréciations objectives de la situation et de la personne qui désire le talisman, ou bien

par sa propre sensibilité, en se laissant guider par un instinct naturel, ou, mieux encore, en utilisant les divinations dont nous avons parlé aux chapitres précédents, pour pouvoir établir plus sûrement quel chemin choisir.

Le métal des talismans en relation avec les planètes et avec leur influence

- **Or-Soleil**: conduit vers la lumière, la sagesse et les vérités divines, c'est la bénédiction de l'esprit; favorise le développement des situations heureuses et la richesse.
- **Argent-Lune**: active l'essence et la force de l'âme, développe l'intuition et la réceptivité, permet de combattre les négativités et d'atteindre le succès dans les études.
- **Cuivre-Vénus**: donne la bonté naturelle, active le rapport entre le moi et les autres, favorise les situations sentimentales et soigne les maladies de peau, les reins et agit contre les crampes.
- **Fer-Mars**: active la force et donne du courage pour réussir à atteindre ses propres buts; fortifiant pour chaque type de lutte à mener.
- **Plomb-Saturne**: aide à combattre les limitations de la vie et du destin ou karma, permet de consolider les positions atteintes.

COMBINAISON ENTRE SIGNES ZODIACAUX ET METAUX

BELIER	FER, ACIER
TAUREAU	CUIVRE
GEMEAUX	MERCURE
CANCER	ARGENT
LION	OR
VIERGE	MERCURE (CHROME)
BALANCE	CUIVRE
SCORPION	FER, ACIER
SAGITTAIRE	ZINC
CAPRICORNE	PLOMB
VERSEAU	ALUMINIUM, RADIUM
POISSONS	PLATINE, ETAIN

- **Etain-Jupiter**: favorise la croissance et amène vers le succès, donne le bonheur et la prévoyance, aide la chance à s'exprimer dans le jeu et permet également les entrées d'argent.
- **Etain + cuivre = Bronze-Jupiter + Vénus**: favorable aux bons sentiments, c'est l'idéal pour les amitiés sincères et durables.

L'ÉNERGIE DES PIERRES EN RELATION AVEC LES SIGNES ZODIACAUX

S'il connaît le signe, l'ascendant, dans quels signes sont disposées les différentes planètes du zodiaque, l'opérateur magicien peut faire des déductions sur les aspects négatifs de certaines positions zodiacales. Certaines pierres, portées sur soi, permettront de contrecarrer les vibrations négatives du carré astral. Pour qu'elles soient actives, elles ne doivent pas nécessairement être précieuses ; on peut obtenir le même résultat avec une simple pierre dure, pourvu qu'elle ait plus de deux carats, mais il ne servira à rien d'avoir recours à davantage de pierres, à moins qu'on ne veuille obéir à une exigence esthétique, peut-être en se fabriquant un collier, parce que les vibrations émises ne s'additionnent pas les unes aux autres.
Voyons quelles sont les pierres qui correspondent aux signes zodiacaux :
- **Bélier**: améthyste, diamant, jaspe, rubis, sardoine.
- **Taureau**: agate, cornaline, jade, grenat, lapis-lazuli, quartz rose, émeraude, turquoise, saphir bleu.
- **Gémeaux**: aigue-marine, agate, béryl, calcédoine, cornaline, chrysoprase, cristal de roche, œil-de-chat, œil-de-tigre, topaze.
- **Cancer**: aigue-marine, améthyste, calcédoine, œil-de-chat, olivine, onyx noir, opale, perle, pierre de lune, serpentine, émeraude, topaze, turquoise.
- **Lion**: béryl, chrysolite, charbon, diamant, jaspe, olivine, quartz aurifère, rubis, sardoine, tourmaline.
- **Vierge**: agate, cornaline, chrysolite, jaspe, hyacinthe, jade, topaze, tourmaline, sardoine, émeraude.
- **Balance**: aventurine, béryl, corail, diamant, jade, lapis-lazuli, néphrite, opale, rubis balais, émeraude, saphir.

- **Scorpion**: aigue-marine, améthyste, béryl, charbon, corail, cornaline, grenat, malachite, pyrope, spinelle, pierre sanguine (hématite), rubis, sardoine, topaze.
- **Sagittaire**: amazonite, charbon, cornaline, chrysolite, hyacinthe, lapis-lazuli, émeraude, topaze, turquoise, saphir bleu.
- **Capricorne**: ambre, chrysoprase, jade, jais, malachite, onyx, perle noire, cristal de roche, rubis, sélénite.
- **Verseau**: amazonite, cristal de roche, grenat, malachite, opale, citrine, turquoise, saphir, zircon, tourmaline.
- **Poissons**: améthyste, chrysolite, jaspe, gravier du Rhin (silice), nacre, opale, sélénite, topaze, toutes les pierres iridescentes.

Les pierres précieuses, les pierres dures et leurs influences relatives

En laissant de côté leur relation avec les facteurs zodiacaux, nous avons choisi des pierres qui ont leurs caractéristiques propres et peuvent être utilisées dans des situations où on ressent le besoin d'être soutenu. Même dans ce cas, les pierres doivent avoir chacune au moins deux carats et ne doivent pas être portées comme de simples porte-bonheur: on doit essayer d'entrer en contact avec la vibration émise par la pierre qui, ainsi activée, servira à lutter contre la vibration négative émise par les problèmes qu'on est en train d'essayer de résoudre.

Au cas où il n'y aurait pas dans notre vie de véritables problèmes, mais simplement un désir à réaliser, on doit de la même façon provoquer le mécanisme de réalisation qui doit être actif et non passif comme dans le cas de la protection. Voyons maintenant quelles sont les pierres à qui demander de l'aide:

- **Aigue-marine**: c'est la pierre de la jeunesse, de l'espérance et de la bonne santé.
- **Agate noire**: rend courageux et favorise la prospérité.
- **Agate rouge**: apporte la paix et le calme, fonctionne contre les éclairs et les morsures de serpent.
- **Améthyste**: ouvre l'esprit et l'intelligence; calme le cœur et protège de l'ébriété.
- **Béryl**: renforce la vie spirituelle et l'espérance.

- **Calcédoine**: protège dans les voyages en éloignant les malheurs et les maladies.
- **Charbon**: donne la résolution, l'énergie, la confiance en soi et le bien-être physique.
- **Chrysolite**: donne la sagesse et la prudence.
- **Corail**: protège des maladies, rend propice l'affection et le dévouement.
- **Corindon**: augmente la fermeté spirituelle.
- **Cornaline**: favorise les amitiés et le courage.
- **Diamant**: propice à la fidélité, à la sincérité, aux sentiments et à la cordialité.
- **Grenat**: donne l'énergie, favorise la fidélité, le dévouement et la sympathie.
- **Hématite**: augmente la vivacité, la sensualité et l'attention.
- **Jade**: donne la force d'âme et la force physique avec augmentation de l'énergie en parfait équilibre.
- **Jaspe**: donne la joie et le bonheur, est antalgique.
- **Lapis-lazuli**: a la faveur divine et donne les capacités et le succès.
- **Malachite**: console de l'amour malheureux et calme les désirs.
- **Olivine**: donne la simplicité, la modestie, le bonheur et la joie.
- **Onyx noir**: éloigne les cauchemars et les malheurs.
- **Opale**: donne la sécurité, la fidélité et favorise la vie religieuse.
- **Péridot**: renforce l'amitié et protège du feu céleste.
- **Perle**: donne la pudeur et la pureté, mais est dangereuse si on la porte sans la mériter.
- **Rubis**: donne amour, beauté, intuition et conduit à la victoire.
- **Sélénite**: ennoblit la vie sentimentale, donne l'espérance et la pureté.
- **Emeraude**: aide à révéler le futur, donne constance en amour et fidélité, très bénéfique pour les soins des yeux.
- **Topaze**: favorise l'amour, les sentiments et la sympathie.
- **Turquoise**: donne le courage nécessaire pour atteindre la victoire.
- **Saphir**: conserve la chasteté et l'innocence, donne la santé et favorise la vérité.

Certains préfèrent recourir à des recettes naturelles et dans la nature, nous pouvons trouver des talismans tellement efficaces qu'ils ont occupé, contrairement à ce qu'on pourrait supposer, une grande place dans la magie rituelle des temps modernes.

La mandragore

De cette herbe on utilise la racine parce que, grosse et fourchue, elle ressemble vaguement à une forme humaine ; on lui attribue en outre des vertus aphrodisiaques, narcotiques et hallucinogènes, mais elle est aussi utilisée dans des buts criminels dans la mesure où elle est toxique. Elle est d'origine mésopotamienne : nous la trouvons en Syrie, en Egypte, en Tunisie, mais aussi en Sicile et en Amérique latine.
Elle fut ensuite utilisée par Hannibal qui, avant d'abandonner son propre campement, fit mettre à macérer dans des récipients de vin les racines de cette plante qui produisirent immédiatement des effets toxiques, à tel point que

Petits sachets en tissu rouge, attachés avec des cordonnets, à porter sur soi pour se protéger. A l'intérieur des sachets, on a mis les herbes magiques, mais aussi les pierres et les encens planétaires et enfin le sel protecteur. Ils peuvent contenir aussi des produits naturels, comme des huiles et des parfums, qui servent à réaliser les bains magiques ou purificateurs. Ceci vaut autant pour le magicien qui veille à se purifier et à se protéger lui-même, que pour les postulants qui font appel à son intervention spécifique, même s'ils ne respectent pas les canons de l'orthodoxie talismanique.

quand Hannibal revint avec son armée, il réussit facilement à éliminer l'ennemi qui était déjà affaibli. Même Jeanne d'Arc en subit les effets, parce qu'elle fut accusée de porter sous son armure la poudre d'une telle racine. La superstition populaire raconte que la mandragore poussait au pied des gibets.
Talismaniquement parlant on lui attribua le pouvoir d'augmenter les gains et le fait de la posséder procure richesse et succès.
Pour la récolter, il est nécessaire de tracer d'abord deux cercles concentriques autour de la plante, ensuite de l'extraire de manière à ce que la racine ne soit pas endommagée mais puisse être cultivée dans un pot en cristal avec de la terre rouge.

Les plantes de Saint-Jean

Quand les feux de joie de la fête de la Saint-Jean s'éteignent et que l'aube est proche, on peut ramasser des plantes qui contiennent des qualités occultes propres très importantes et qu'on transforme donc en talismans.

- **Artémise**: c'est une plante surtout alpine, qui est normalement utilisée pour faire des tisanes bénéfiques, mais quand elle est récoltée la nuit de la Saint-Jean, elle peut être pulvérisée et dispersée en direction des points cardinaux, aux quatre vents, pour protéger des esprits malins.
- **Bardane ou lampourde**: les baies de cette plante peuvent être utilisées pour obtenir les baisers de celui qu'on aime, simplement en les lançant contre lui, mais porter sur soi les baies dans une enveloppe peut servir à se protéger des rhumatismes et à combattre les névralgies.
- **Camomille**: tout le monde sait que la camomille a un pouvoir calmant dans le domaine médicinal, mais si la plante est récoltée la nuit de la Saint-Jean, elle rend les femmes fidèles et empêche les hommes de se laisser corrompre par le vice de l'alcoolisme et de la drogue.
- **Lierre terrestre**: pendu à la porte de la maison ou de l'écurie, il combat la stérilité humaine ou animale, augmente la production de lait. Porté sur son chapeau par une jeune fille, il favorisera les amours et lui permettra d'épouser l'homme qu'elle rencontrera.

– **Chiendent**: après avoir été ramassé la nuit fatidique, il doit être brûlé, pulvérisé et répandu sur le seuil de la maison, pour se protéger des faux amis et des ennemis cachés.
– **Hypericum**: il est appelé communément «chasse-diables» et possède plus d'une propriété talismanique:
• en mastiquer les fleurs jaunes permet de combattre les fantômes et les influences démoniaques, en chassant la mélancolie;
• conserver la première fleur de l'année favorise les gains au jeu;
• compter les petites taches peut donner un chiffre magique pour jouer le numéro obtenu au loto ou à la loterie.
– **Lycopode**: ramassé la nuit de la Saint-Jean et brûlé en face de la maison de celui qu'on aime, il favorise la possibilité de le rendre amoureux de soi.
– **Mille-feuille ou achillée**: c'est une plante qu'on utilise comme divination en Chine; en répandant ses tiges sur une surface plane, on obtient des hexagones et d'après leur position, on peut reconnaître la divination qui a donné origine aux I-Ching.
Talismaniquement elle a des effets bénéfiques en dégageant des énergies positives aptes à protéger celui qui la ramasse la nuit de la Saint-Jean.
– **Orchis**: c'est une plante utilisée le plus souvent de manière négative, et il semble qu'elle soit capable d'arrêter la production de lait maternel tant chez les humains que chez les animaux.
– **Verveine**: c'est une herbe mythologique, elle a inspiré des poètes et des écrivains, et on la retrouve même dans beaucoup de livres contemporains. Du point de vue talismanique, elle doit être utilisée de la façon suivante:
• un bouquet placé au-dessus de la porte à l'intérieur de la maison favorise l'harmonie de la famille et annonce le bonheur;
• quelques gouttes répandues dans la pièce permettent de réaliser des rencontres heureuses et positives chez soi;
• dans les campagnes on en met dans les basses-cours pour favoriser l'accouplement et la fécondation, mais elle a eu aussi une utilisation maléfique.

Flacons en cristal qui contiennent des essences, des huiles magiques, des résines et des herbes permettant d'effectuer des bains propitiatoires pour attirer l'amour ou pour des rituels magiques. Ces éléments sont à ajouter aux encens préparés selon les influences astrologiques du sujet qui s'en servira.

Couleurs, fleurs, plantes, parfums et jours planétaires

DIMANCHE-SOLEIL	
Or :	favorise l'éveil spirituel, la conscience, l'esprit créatif et l'unité
Fleurs :	héliotrope, laurier, mimosa
Plante :	laurier
Parfums :	cinnamone, encens, santal rouge, safran

LUNDI-LUNE	
Argent :	signifie changement, métamorphoses, désir de perfection, éveil de l'intuition et du Moi réceptif
Fleurs :	armoise, marguerite, renoncule jaune
Plante :	saule
Parfums :	ambre, aloès, camphre, santal blanc

MARDI-MARS	
Rouge:	rend la lutte favorable, augmente la force et l'agressivité en menant à la victoire
Fleurs:	absinthe, œillet, rue
Plante:	cèdre
Parfums:	cédrat, lavande

MERCREDI-MERCURE	
Jaune:	développe le bon sens et la logique, donne l'éloquence et favorise l'art littéraire, protège dans les voyages
Fleurs:	fumeterre, lys, marjolaine, mercuriale, narcisse
Plante:	noisetier
Parfums:	aliboufier, macis (fleur de noix muscade), storax

JEUDI-JUPITER	
Bleu:	signifie l'approfondissement, la contemplation et l'éternité, est propice à l'amour et au recueillement spirituel
Fleurs:	figue, glaïeul, grenadier
Plantes:	pin, peuplier, chêne
Parfums:	ambre grise, amome, encens, balsamine, safran

VENDREDI-VENUS	
Vert :	aide à l'amour entre deux êtres sur terre, favorise les unions et la réalisation individuelle, développe l'art et la beauté
Fleurs :	myrte, olivier, rose, violette
Plante :	myrte
Parfums :	cannelle, cédrat

SAMEDI-SATURNE	
Noir :	c'est la couleur de la purification et de la conversion spirituelle au moyen de la conscience du destin
Fleurs :	cyprès, chrysanthème, hellébore noire
Plantes :	chêne, frêne
Parfums :	alun, assa fœtida, diagridium, soufre

Les parfums des constellations

Chaque signe zodiacal a des associations précises qu'on peut relier non seulement aux pierres ou aux métaux mais aussi aux parfums. Celui qui voudrait fabriquer un talisman en ajoutant le parfum qui se rapporte au signe zodiacal de la personne qui le portera pourra suivre ces indications de base.

- **Bélier :** parfums épicés, légèrement fumés et piquants ;
- **Taureau :** parfum de lilas et humus ;
- **Gémeaux :** parfums frais et subtils, mais également pénétrants comme celui du musc ;
- **Cancer :** fragrances de fleurs et printanières ;
- **Lion :** parfums intenses ;

- **Vierge**: fragrances de bois et parfums de la terre;
- **Balance**: parfums très volatils comme le vétiver;
- **Scorpion**: parfums agressifs et très intenses;
- **Sagittaire**: fragrances, parfums épicés et piquants;
- **Capricorne**: parfums champêtres;
- **Verseau**: parfum de lavande, fragrances piquantes et excitantes;
- **Poissons**: parfums délicats, amers, et d'agrumes.

Symbolique talismanique de Salomon

La symbolique à utiliser dans l'art talismanique est très variée et chacun peut, en la connaissant, l'adapter à ses propres besoins.

La *Clé de Salomon* (Salomon, fils de David) est un des textes les plus anciens, écrit dans ce sens, et offre de grandes possibilités d'adaptation pour chaque circonstance à réaliser et, bien que les temps aient énormément changé, il est encore très actuel, dans sa souplesse. Il fit partie des livres mis au ban de l'Inquisition et on l'appela « livre du diable » ; évidemment sa lecture et sa reproduction furent interdites, sous peine d'excommunication. Il en existe seulement quelques versions tirées du texte original en hébreu, mais ce qui compte le plus est que les symboles qui nous sont utiles nous soient parvenus.

Parmi ces symboles, on peut choisir et adapter largement, dans la mesure où ils ont été structurés de manière très variée avec les lettres, les nombres, les anges, les démons, etc., et l'opérateur peut s'en servir séparément ou bien les utiliser ensemble pour en renforcer les effets.

Comment découvrir les nombres à utiliser

L'importance des nombres dans la notion de la construction de l'univers a déjà été affirmée par deux grands philosophes et savants comme Aristote et Pythagore : ils avaient énoncé la théorie qui veut que l'univers ait été

construit ou créé selon des concepts mathématiques extrêmement logiques.
Les anciennes populations chaldéennes, les Egyptiens, les peuples de la Mésopotamie, les Chinois, les populations hindoues, les Hébreux, les Japonais, en exprimant leur recherche philosophique et religieuse, ont donné une grande importance à ces aspects numériques et mathématiques; des formules fondées exclusivement sur des structures mathématiques régissent le destin de l'univers physique et de l'univers spirituel dans lequel l'homme trouve place.

Le calcul des nombres

Pour vous aider à mieux comprendre les nombres et les concepts qui leur sont reliés, je vous fournirai dès maintenant certains éléments de numérologie divinatoire, qui se fonde simplement sur deux facteurs fondamentaux.
Par l'intermédiaire du calcul des nombres qui se rapportent au nom de naissance, on peut arriver à la compréhension de l'individu, pour lui permettre d'accepter son rôle, en découvrant en même temps ses imperfections et ses erreurs qu'on peut ainsi corriger.
Les numéros de sa naissance, au contraire, accompagnent l'homme tout le long de sa vie et, selon le chiffre obtenu, par le calcul de la date précise, on peut comprendre quels obstacles l'homme devra rencontrer et affronter et ceci grâce aux aspects positifs contenus dans le chiffre qui lui a été donné par le destin.
Par l'utilisation du tableau ci-dessous, vous aurez le moyen de découvrir l'importance et le pouvoir caché de la numérologie et vous pourrez utiliser les nombres choisis pour la finalité demandée au talisman, en les y écrivant.

1	2	3	4	5	6	7	8	9
A	B	C	D	E	F	G	H	I
J	K[1]	L	M	N	O	P	Q	R
S	T	U	V[2]	W	X	Y	Z	

[1] La lettre K a la valeur 11

[2] La lettre V a la valeur 22

Calcul du nom

Pour fournir un exemple pratique, j'utilise mon prénom, qui est même accompagné d'un deuxième. Les numéros correspondant aux lettres devront être additionnés; même les chiffres composant le 11 et le 22 seront additionnés entre eux; par la suite on additionnera les chiffres du total afin que le nombre total ne soit pas supérieur à **9**.

A D R I A N A			
1 + 4 + 9 + 9 + 1 + 5 + 1	= **30**		**3+0=3**
M A R I N A			
4 + 1 + 9 + 9 + 5 + 1	= **29**	2 + 9 = **11**	**1+1=2**
B O L C H I N I			
2 + 6 + 3 + 3 + 8 + 9 + 5 + 9	= **45**		**4+5=9**
Total: 3 + 2 + 9 = **14**			**1+4=5**

Calcul de la date de naissance

Pour la date de naissance, on devra utiliser la même méthode comme dans l'exemple ci-dessous:

7.11.1946

7 + 1 + 1 + 1 + 9 + 4 + 6 = **29** 2 + 9 = **11** 1 + 1 = **2**

LES SIGNIFICATIONS DES NOMBRES EN LIAISON AVEC LE NOM ET LA DATE DE NAISSANCE

Les nombres sont infinis et peuvent être utilisés dans des variantes illimitées, mais les vrais nombres, les essentiels, sont seulement 9, les autres sont composés et comme tels donnent lieu à des interprétations.
Pour que l'analyse soit complète, il faut analyser chaque nombre de la date de naissance et du nom, puis tenir compte des totaux partiels et à la fin, le total global, réduit aux nombres 9-10-11-22, donnera la caractéristique dominante du sujet. Dans l'exemple précédent, remarquons la

prépondérance du nombre 1, à part la présence du 7, du 4, du 6 et du 11 qui, analysés séparément, indiquent comment pourra évoluer le destin. Les nombreux 1 indiquent la tendance à réaliser sur un plan individuel, mais le 2 montre que la connaissance figure parmi les réalisations possibles. Voyons maintenant les significations des nombres.

1: Représente le principe à partir duquel tous les autres nombres ont pu se manifester et s'exprimer. Lui est. Il existe et on ne discute pas. C'est un nombre qui exprime une idée de force créatrice et de conscience de l'être, puisque c'est la réalité du *je suis*, c'est-à-dire la force individualiste.
Conceptuellement il représente le bien et le mâle et s'identifie avec l'esprit et la pensée. C'est la partie lumineuse de l'univers: la lumière; il donne la force et la possibilité de réussite.

2: De la scission du 1 naît le 2 qui se manifeste comme une idée apparente et non réelle. Le produit de la scission du 1 permet la réalisation d'un début et d'une fin, d'abord impossible; dans ce début se manifeste la dualité, l'idée de cause et d'effet, le bien et le mal. C'est la partie obscure de l'univers: l'obscurité, l'âme inconsciente et le sentiment; mais c'est aussi le nombre de la sagesse, de l'imagination: le miroir dans lequel se reflète le nombre 1 en se découvrant lui-même; il aide dans les études et dans la recherche et favorise les réalisations artistiques et la compréhension.

3: Dès que les deux aspects fondamentaux de l'univers, identifiables dans le 1 et le 2, s'unissent en additionnant leurs éléments, survient une transmutation qui en change radicalement le stade. Durant le sommeil, la lumière de la connaissance, 1, descend dans l'âme, 2, donnant la vie à un rêve, le 3; il s'ensuit que même le 3 est positif et créatif, et pour cela nous pourrons produire à l'infini des réactions en chaîne. Ce nombre conduit à des réalisations concrètes et exprime l'autorité, la conscience du devoir et une réussite brillante.

4: Prenant forme et se développant, se manifeste la matière: voilà pourquoi le 4 signifie: *1, je suis + 3, croissance*

= *4, formation consciente.* Il devient ainsi concept de réalisation et ne se limite plus à être un nombre abstrait. Ce nombre n'est pas compris comme l'accession de la forme, exclusivement matérielle, mais comme le porteur d'une forme spirituelle qui s'exprime en tant qu'idée de compréhension, connaissance et conscience; du fait qu'il est le nombre de la réalisation et de l'action, cachée dans sa forme, il permet des réalisations pratiques et matérielles, pourtant dénuées d'imagination, mais de rares succès mondains.

5: Les oppositions du 4 sont changées en 5, puisqu'elles se réunissent au milieu, placé à l'intérieur du carré, qui fait que ce nombre est le milieu de la conscience de l'univers: c'est-à-dire l'homme. Ce sont les 5 sens qui nous permettent de percevoir la vie autour de nous. C'est donc le nombre de l'homme et il cache la quintessence de chaque chose, c'est le nombre qui pose l'homme en contraste avec Dieu, raison pour laquelle ce nombre représente l'étoile à cinq branches, c'est-à-dire le pentacle qui se trouve dans presque tous les talismans et révèle surtout l'intelligence, la tendance à l'indépendance, la vivacité d'esprit et le désir d'aventure.

6: Correspond à 1 + 2 + 3 = 6, c'est-à-dire: *je suis* + *dualité* + *croissance consciente* + *équilibre* dans le développement de la pensée et du sentiment. Exprime l'idée d'amour et d'harmonie, non seulement d'équilibre; représente tant l'homme que la femme dans la dualité penser-éprouver et donne vie à une figure corporelle seulement par l'intermédiaire de l'amour dans lequel les deux sexes peuvent se retrouver eux-mêmes l'un à travers l'autre; il favorise donc les sentiments, la socialité et la fidélité et dans les talismans il est utilisé surtout en tant que forme de conjonction entre homme et cosmos.

7: Croissance de l'esprit et de la pensée: *je suis* + *croissance, de l'âme et du sentiment* = *moi, volonté* qui se trouve au milieu de la dualité de la croissance consciente, par où le moi est broyé, jusqu'à la réalisation du point de rupture des équilibres. Représente le point de chance qui peut amener à la rupture de la stase, en forçant à un choix conscient et déterminer chez l'homme les actions et les renoncements; sa parole clé est l'évolution, qui conduit au but, au dépassement et à l'accomplissement des actions : à la magie. Donne de la force à la volonté pour réaliser ses buts avec la magie car il dénote des pouvoirs psychiques occultes.

8 : S'identifie à la notion de cause et d'effet, c'est-à-dire : chacun récolte exactement ce qu'il a semé ; il exprime une dualité apparente, qui n'appartient plus à la sphère humaine. C'est le nombre du destin et de la justice, de l'ordre et du chaos, de l'attirance et de la répulsion : *moi* et *moi* s'attirent et se repoussent ; c'est le nombre du droit ; c'est l'essence de la justice. Mais c'est aussi le nombre de la mort et de l'immortalité. On retrouve la notion de cause et d'effet, en fait dans la chaîne des existences ; ce nombre est utilisé pour vaincre les situations liées au destin (pris au sens de « karma », c'est-à-dire la chaîne des existences) et pour faire obtenir justice, mais c'est aussi le nombre de l'absolutisme et des extrémismes, il indique l'intensité et évoque le sacrifice.

9 : Représente le concept de la totalité, exprimée comme accomplissement, dans la mesure où c'est le point de l'être qui accomplit un cycle entier et parvient à son expression numérique majeure : le 9 justement. Indique la passion, la volonté, l'impulsivité, et possède des qualités exceptionnelles. Représente la connaissance au sens le plus large ; c'est une notion fondamentalement féminine. Peut favoriser les résultats qui impliquent sa propre évolution et la réalisation de buts élevés, même s'ils sont encore soulignés de notes individualistes.

10 : Par la courbure de l'espace, on retourne à un nouveau point de départ qui contient toute l'évolution qui en a été le mécanisme fondamental et on obtient le 10 qui représente la perfection, dans la conclusion totale du cycle universel pour l'homme et ses possibilités illimitées, qui ont pour finalité l'amélioration du système de vie individuelle et sociale, à travers une éducation plus émancipée et plus responsable. En talismanique, on l'utilise dans des buts sociaux ; il donne la sécurité et des gains sur le plan personnel ; il est considéré comme le nombre de la chance qui pourtant s'en remet aux lois de la nature et que l'homme ne doit pas forcer ultérieurement.

11 : C'est un nombre constitué d'une duplicité illusoire et donc il signifie littéralement idéalisme, esprit élevé et ouvert, désir de prophétiser, exigence de spiritualité ; il conduit vers la réussite mais non exempte de risques.

22 : Comme le 11, il est composé et préside une intelligence supérieure, l'altruisme et des idéaux nobles ; permet d'évoquer les rêves et il trouve son actuation dans la gloire.

SYMBOLES DES NOMBRES

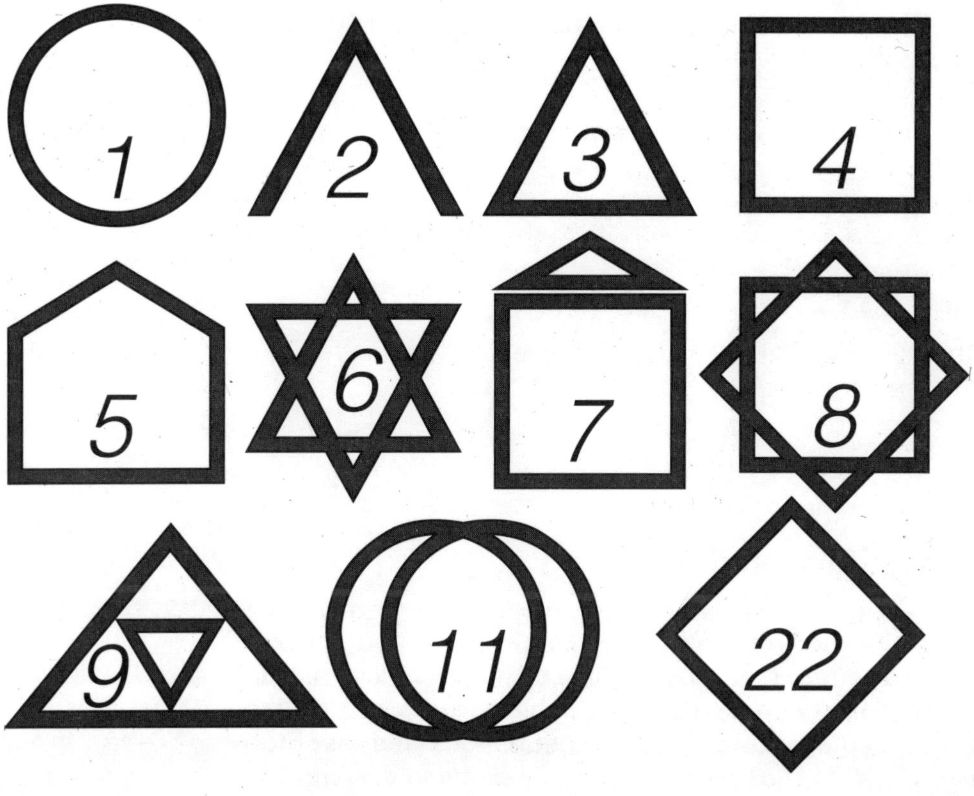

Les nombres intermédiaires entre le 11 et le 22 s'utilisent seulement sous une forme additionnelle puisque, comme il a déjà été dit, les nombres sont seulement 9 : tous les autres en sont la dérivation et, en fait, on tiendrait compte de leur somme et non de leur expression, à part trois d'entre eux, 10-11-22, que nous venons de décrire.

12 : Peu utilisé en talismanique car il donne des doutes et de l'inquiétude.

13 : Si ce nombre est utilisé aveuglément, il ne réussit pas à s'exprimer avec une clé positive, mais négative.

14 : Permet d'éviter les dangers.

15 : Donne la détermination.

16 : C'est un nombre peu favorable, il comporte risques et méfiance.

17 : Conduit à l'élévation spirituelle.

18 : Aide à éviter les disputes.

19 : Porte chance et favorise la réussite.

20 : Donne de l'audace mais absence de fermeté et a une influence équivoque.

21 : Conduit à la victoire finale.

La signification des lettres

Sur les talismans on peut écrire quelques mots pour aider à leur réalisation, mais pour écrire ceux-ci en connaissance de cause, il est bon de connaître la signification, une à une, des lettres qui les composent. En fait, si nous voulons obtenir de l'argent et que nous utilisons le mot « solde » (rémunération), peut-être ne pourrons-nous pas l'obtenir à cause

de la signification des lettres prises une à une : *S = irascibilité, O = tristesse et émotivité, L = intelligence mais lenteur, D = sens pratique, mais fatigue, E = tendance à chercher ailleurs.* Voici donc expliquée la valeur des lettres prises individuellement. Donc le mot dans sa signification littérale n'a pas d'importance. C'est le mot que vous avez créé, avec la signification que vous lui avez donné l'intention de lui donner qui a de l'importance ; en conséquence pour obtenir de l'argent on doit utiliser les lettres suivantes : *G-H-N-Q-Z*, qui peuvent aussi être associées à d'autres formes de symbolique magique à inscrire sur le talisman, pas forcément concentrée sur toutes les lettres, mais sur la signification des couleurs, des jours, des nombres et de tout ce que vous trouverez d'autre dans ce livre.
Le choix des inscriptions doit être fait avec intuition et inspiration, sans mettre tout ensemble avec un surcroît et un fouillis d'exagérations. Le talisman, pour fonctionner, doit être créé harmonieusement, sans exacerbation, dans le bien comme dans le mal.

A : originalité, indépendance, insatisfaction
B : besoin d'amour, émotivité, timidité
C : intuition, équilibre
D : sens pratique, fatigue physique
E : tendresse, tendance à chercher ailleurs ce qui n'existe pas chez soi, santé
F : intuition, amour pour la vie privée, sens des responsabilités
G : chance, intelligence, solitude
H : prospérité, ambition, générosité
I : passion, tension, incertitude, maladies nerveuses
J : désir de victoire, cérébralité, incertitude
K : inspiration, nervosité
L : intelligence, hésitation, lenteur
M : cynisme, tempérament et humeur maussade
N : amour, amour du luxe, sensualité, folie
O : désir de voyager, tristesse, émotivité
P : discrétion
Q : intuition, richesses, mysticisme
R : puissance, émotivité, nervosité, états fébriles et maladies
S : irascibilité, superémotivité
T : amour, humour

TABLEAU-GUIDE POUR LA REALISATION D'UN TALISMAN

ALPHABETS DE SALOMON

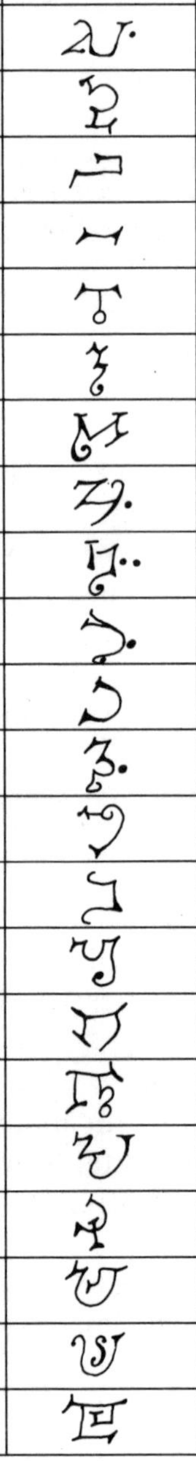

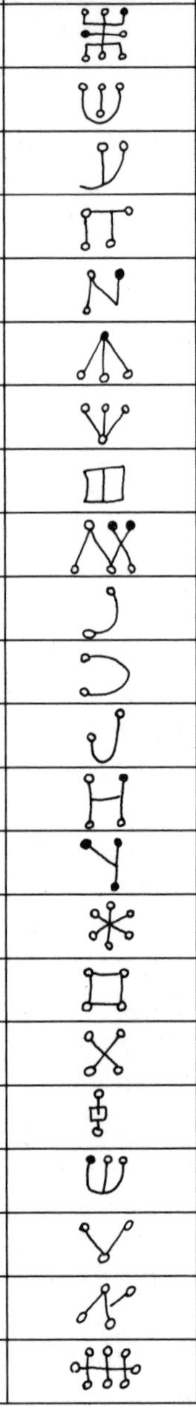

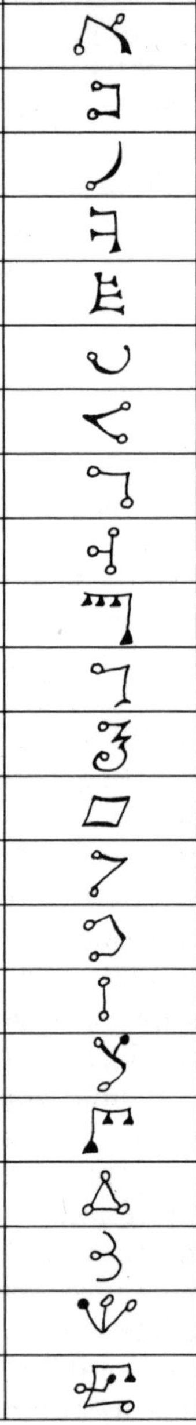

Hébreu moderne	*Des Mages*	*Malakim ou Angelico*	*Passage du fleuve*	*Lecture divine*	*Valeur numérique*
א				*Aleph*	1
ב				*Beth*	2
ג				*Ghimel*	3
ד				*Daleth*	4
ה				*Hé*	5
ו				*Vau*	6
ז				*Zaïn*	7
ח				*Cheth*	8
ט				*Teth*	9
י				*Yod*	10
כ				*Kaph*	20
ל				*Lamed*	30
מ				*Mem*	40
נ				*Noun*	50
ס				*Samekh*	60
ע				*Ayin*	70
פ				*Pé*	80
צ				*Tsade ou Tzad*	90
ק				*Qoph*	100
ר				*Resh ou Resch*	200
ש				*Schin*	300
ת				*Tau*	400

SIGNIFICATIONS CORRESPONDANTES			
Sphère d'influence	***Divinités correspondantes***	***Planètes ou constellations***	
L'homme - La volonté	*Ehieh*	Soleil	☉
La bouche - La science	*Bachour*	Lune	☾
La main qui saisit - L'action	*Gadol*	Terre	○
Le sein - La réalisation	*Dagoul*	Jupiter	♃
Le souffle - L'inspiration	*Hadom*	Mercure	☿
L'œil et l'oreille - La preuve	*Vesio*	Vierge	♍
La flèche - La victoire	*Zakai*	Sagittaire	♐
Un champ - L'équilibre	*Chased*	Balance	♎
Une couverture - La prudence	*Tehor*	Neptune	♆
L'index - La chance	*Iah*	Capricorne	♑
La main qui serre - La force	*Mittatron*	Lion	♌
Le bras qui se tend - La mort violente	*Sadai*	Uranus	♅
La femme - La transformation de l'homme	*Jehovah*	Saturne	♄
Un fruit	*Emmanuel*	Verseau	♒
Le serpent - La fatalité	*Sameck*	Mars	♂
Le lien - La ruine	*Jehovah Sabaoth*	Bélier	♈
La bouche et la langue - L'espoir	*Phode*	Vénus	♀
Le toit - La déception	*Tsedeck*	Cancer	♋
La hache - Le bonheur	*Kodesh*	Gémeaux	♊
La tête - Le renouveau	*Rodeh*	Poissons	♓
La flèche - L'expiation	*Shadai*	Taureau	♉
Le thorax - La récompense	*Techinah*	Scorpion	♏

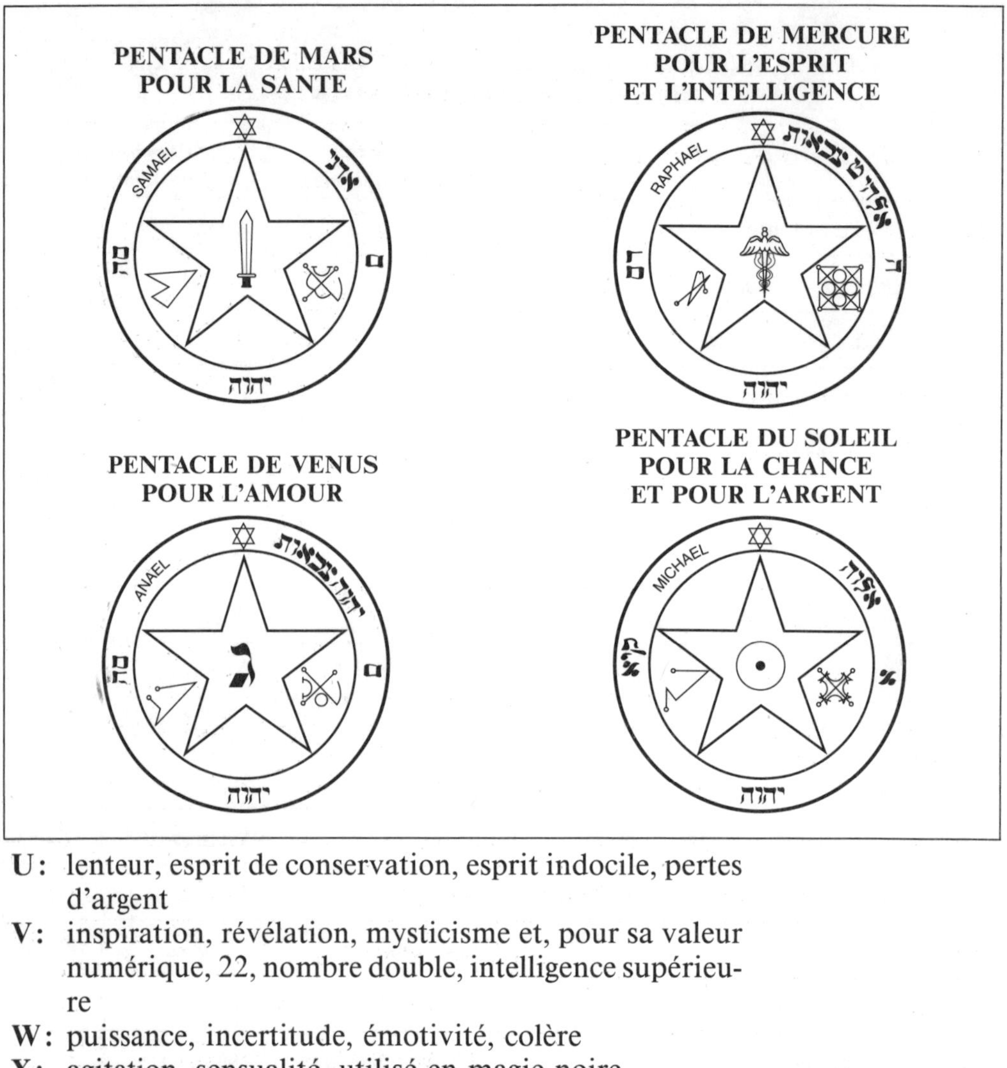

U: lenteur, esprit de conservation, esprit indocile, pertes d'argent
V: inspiration, révélation, mysticisme et, pour sa valeur numérique, 22, nombre double, intelligence supérieure
W: puissance, incertitude, émotivité, colère
X: agitation, sensualité, utilisé en magie noire
Y: mystère, rapidité, incertitude
Z: compréhension, argent, secrets.

Représentation des talismans salomoniques

Comme vous avez pu le comprendre, les talismans peuvent être représentés d'après de multiples facteurs qui amènent chacun à faire un choix subjectif, indépendamment du fait que d'autres personnes, avec les mêmes mo-

TALISMANS PLANETAIRES SELON LA CONSTELLATION

De Mercure, spécifique aux Gémeaux et à la Vierge

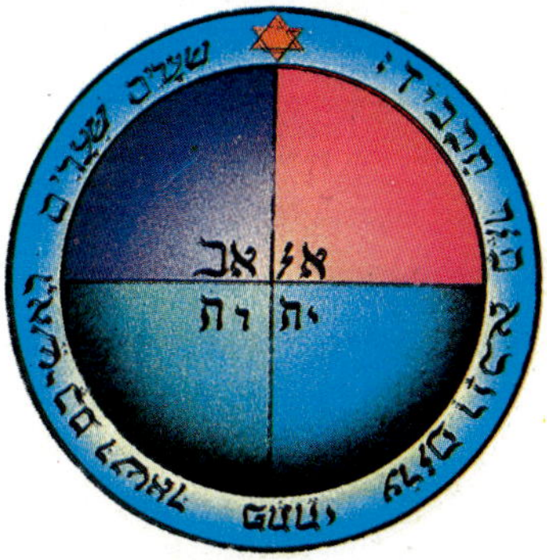

Pour réaliser les idéaux sociaux et affectifs

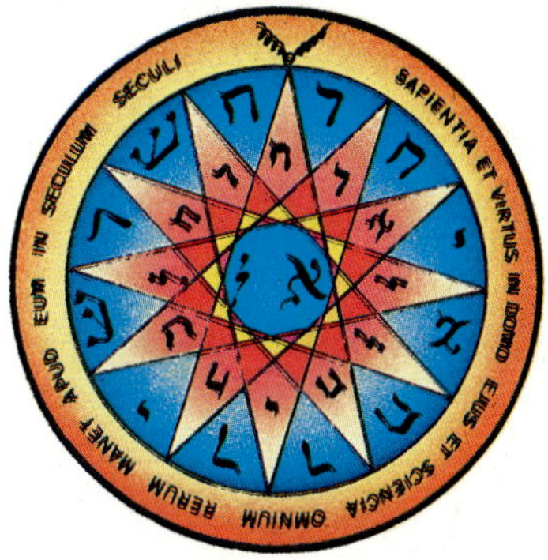

Pour développer les facultés psychiques, intellectuelles et la médiumnité

De la Lune, spécifique au Cancer

Pour connaître les secrets de la nature et développer la réceptivité

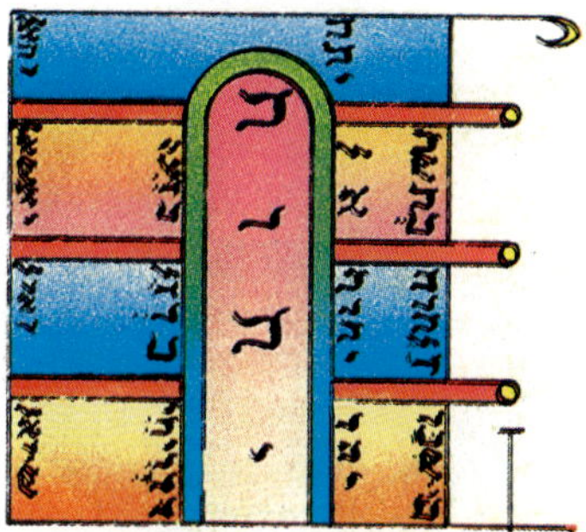

Pour éliminer les obstacles et dépasser toutes les difficultés

De Mars, spécifique au Bélier et au Scorpion

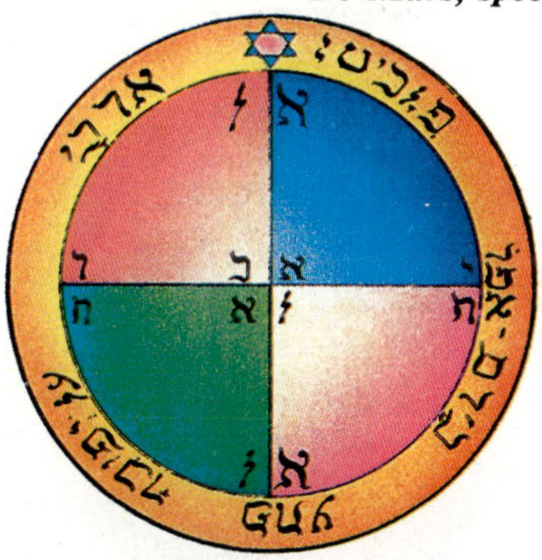

Pour remporter les luttes les plus difficiles et les procès

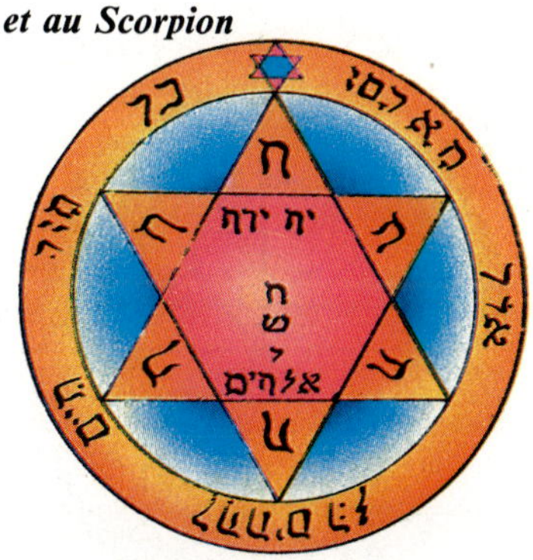

Protège la santé; aide en particulier à vaincre les maladies fébriles et à combattre la mort

TALISMANS PLANETAIRES SELON LA CONSTELLATION

De Vénus, spécifique au Taureau et à la Balance

Contre les esprits maléfiques et les passions viles

Pour obtenir l'affection et se faire aimer

De Jupiter, spécifique aux Poissons et au Sagittaire

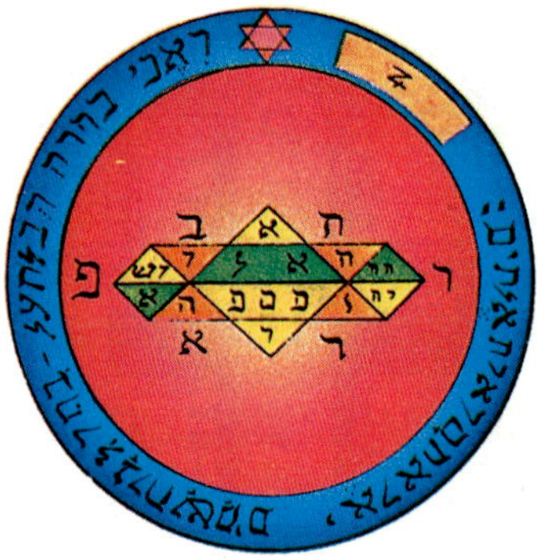

Pour développer la vengeance et la connaissance occulte

Contre les accidents et les dangers en général

De Saturne, spécifique au Verseau et au Capricorne

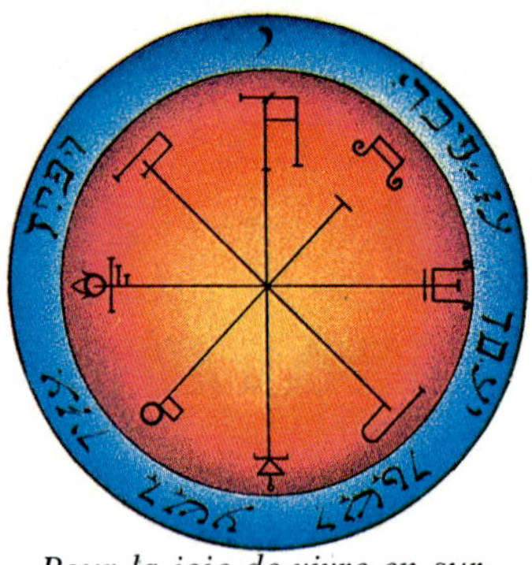

Pour la joie de vivre en surmontant les dépressions

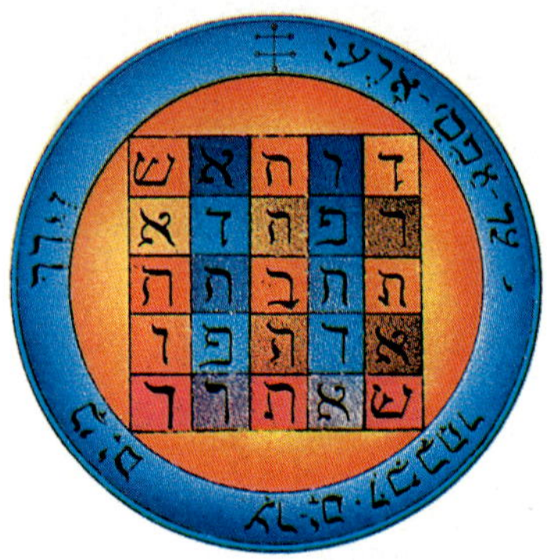

Contre les adversités

TALISMANS PLANETAIRES SELON LA CONSTELLATION

Du Soleil, spécifique au Lion

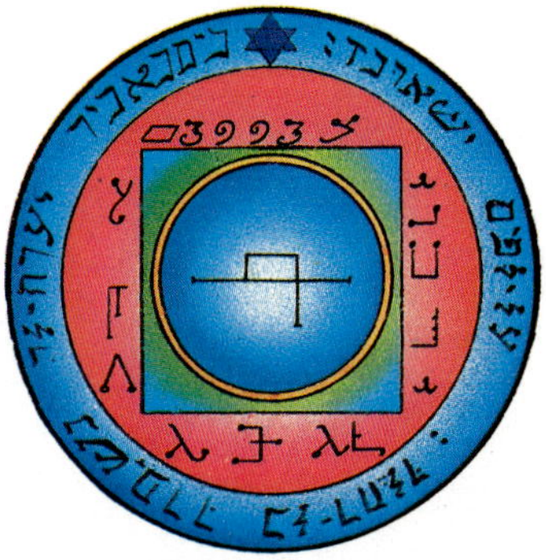

Protège chaque chose créée

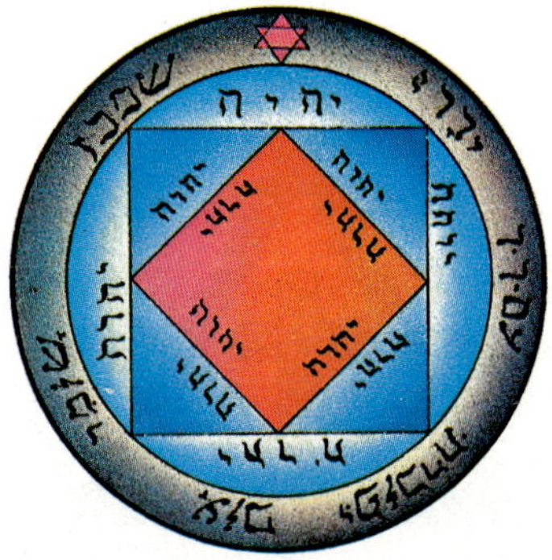

Pour obtenir le succès et réaliser toutes les ambitions et ne pas avoir d'ennemis

LES TALISMANS DE DON BERNARDIN

Entre tous, ces talismans revêtent une importance particulière parce qu'ils symbolisent les formes institutionnelles avec lesquelles tout individu s'identifie selon la valeur qu'il donne à chacune.

LES TALISMANS DE DON BERNARDIN

I. Le Père

Protège les enfants des angoisses nocturnes et donne du courage en rendant plus fort celui qui le porte

II. La Mère

A un rôle protecteur utile pour combattre les maladies et les accidents en aidant à la guérison

LES TALISMANS DE DON BERNARDIN

III. Le Fils

Favorise la protection contre les calomnies, la médisance et les ennemis occultes

IV. Le Roi

Favorise la prospérité dans les affaires en économie ; amène à vaincre les épreuves et les adversités

V. La Reine

Permet et favorise les unions sentimentales et les mariages ; protège les époux

VI. Le Cercle

Aide à être chanceux au jeu et à gagner aux loteries ; défend contre les vols et favorise la vie sociale

tivations, peuvent s'identifier à des symboliques différentes.

Pourtant il existe certaines représentations talismaniques de base qui peuvent être utilisées par tous ; en fait les talismans (ou pentacles) réalisés à partir de facteurs planétaires s'adaptent aux problèmes de chacun car ils les abordent sur un plan générique et non pas personnel. Voici donc quatre pentacles réalisés en conformité avec les exigences primaires de chaque être humain : **santé**, **amour**, **esprit** et **intelligence**, **chance** et **argent**.

Les runes celtiques

Ce sont des symboles que nous avons hérités des populations qui ont habité une grande partie de l'Europe centrale et de l'Europe du Nord (Bretagne, Galles, Pays-Bas, Germanie, Irlande, Islande, Scandinavie) laissant de nombreuses traces de leur passage. Dans les zones où ils vécurent, il semble planer quelque chose de mystique et de magique qui crée une atmosphère suggestive. Les dolmens (constructions mégalithiques faites d'énormes blocs de pierres) sont la trace la plus voyante de leur passage : ils sont dispersés un peu partout sur le territoire national.

Ceux de Stonehenge, en Angleterre, étaient peut-être le point de rencontre de la population qui se livrait à des rites adressés au Soleil, dirigés par les prêtres druides, qui résistèrent à l'arrivée du christianisme.

Les Celtes ont produit un alphabet magique, qui tient compte de toutes les nécessités humaines et peut donc être une solution de remplacement à la symbolique hébraïque dans la magie salomonique, mais aussi aux nombres arabes et aux lettres de l'alphabet moderne.

Le recours aux runes

Les runes sont, de tous les symboles, les plus simples à représenter et peut-être aussi les plus significatifs et faciles à utiliser, dans la mesure où il suffit de les imaginer comme un canal qui est percé à l'intérieur de nous pour y faire couler l'énergie cosmique apte à réaliser nos besoins. En outre, on peut recourir aux runes beaucoup plus facilement et sans complications, puisqu'une seule, connue comme «rune parfaite» sous le nom de *Hagal*, peut même être suffisante : très facile à réaliser, elle réussit à contenir les dix-huit runes existantes et peut être tracée n'importe où, même à l'intérieur de notre habitation.

Les symboles des runes et leur signification

1 = FA : rune du feu

Représente la création, la volonté consciente (l'être conscient), la conscience et la capacité de combattre les maladies de peau, des os et le mal de tête.

2 = UR : rune primordiale

Veut indiquer l'âme primitive entendue comme connaissance primordiale, le bonheur et la sagesse. Protège dans les maladies hépatiques et nerveuses, les affections pulmonaires et abdominales.

3 = THORN : rune active

Met en fonction les forces actives, favorise les naissances et la croissance, renforce la santé dès que c'est nécessaire.

4 = OS : rune mobile

Donne et libère la force spirituelle et la conscience, favorise les dons oratoires et l'éloquence, est bénéfique pour les problèmes du dos et du cou.

5 = RIT : rune conseillère

Conduit au salut par la religion et les bons conseils, favorise les rapports avec les autres et soigne les affections de la bouche et du palais.

6 = KA: rune de l'énergie

Favorise l'énergie qui concerne surtout l'art, l'inspiration, conduit à l'harmonie et à l'équilibre. Combat la fièvre et aide la digestion difficile.

7 = HAGAL: rune parfaite

Représente l'universalité, la sagesse et la protection au sens divin, parce qu'elle cache l'œil de Dieu. Favorable pour soigner les affections des reins, de la vessie et des os.

8 = NOT: rune auxiliatrice

Représente le destin, la cause et l'effet qui s'accomplissent, tant dans le bonheur que dans la contrainte, conduit à l'acceptation et à la résignation, et à triompher des épreuves. Est utile pour combattre les infections et les maladies de peau.

9 = IS: rune du moi

Représente la connaissance de soi, l'unité, la volonté et l'assurance en soi. Favorable pour combattre les affections provoquées par les blessures, la goutte, les rhumatismes, et pour surmonter les malheurs.

10 = AR: rune de la Terre

Représente le maximum de la puissance des runes et permet de chasser tous les influx négatifs, en renforçant l'énergie vitale; elle favorise en outre la beauté, la confiance et protège dans toutes les circonstances dangereuses.

11 = SIG: rune de l'âme

Inspire la force spirituelle et la sécurité, favorise la réussite et le succès de ses intentions, aide à combattre les affections oculaires et les névralgies.

12 = TIR: rune de l'épanouissement

Représente la fertilité, la fécondation et la naissance ainsi que la vigueur et la richesse. Permet de combattre l'artériosclérose.

13 = BAR: rune de la procréation

Représente la procréation et facilite la naissance. Donne la sécurité et la révélation, contribue à dissiper les maladies féminines.

14 = LAF: rune de l'amour

Représente l'amour et la vie, favorable à l'initiation, permet de se débarrasser des infections et des maladies de peau.

15 = MAN: rune de l'homme

Représente l'homme dans le sens de la matière et de l'esprit, donne la force et la capacité de combattre les affections oculaires et les blessures.

16 = YR: ierune

Représente la femme sous l'angle de la Lune et de la matière féminine. Contribue à guérir les troubles abdominaux et ceux des organes génitaux.

17 = EH: rune conjugale

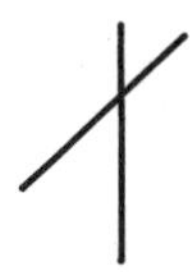

Représente l'union, les mariages et la fidélité. Permet de surmonter les dépressions et combat les inflammations glandulaires et les dérangements hépatiques.

18 = GIBOR: rune donatrice

Renforce l'énergie créatrice et représente l'exaucement, la clémence et la versatilité.

Comment utiliser les runes celtiques

Un talisman sur lequel on appose les symboles celtiques peut contenir huit runes, qui permettent ainsi de favoriser la réalisation des objectifs en plus grande quantité. Le nombre des runes, 8, n'est pas un hasard : il reflète le sens du nombre 8 lui-même, qui veut être la résultante de la cause et de l'effet, donc de la justice ; aussi ceux qui désirent avoir un talisman avec des runes doivent avoir recours à ce nombre exact de runes, pas une de plus ou de moins. C'est le 8 qui est le symbole dominant du talisman celtique et non le 6, comme pour les talismans que nous avons abordés avant ceux-ci et qui étaient caractérisés par un double triangle.

Modalités

Se munir d'un feuillet de papier, éventuellement de parchemin, et des encres qu'on veut utiliser :

- poser tout ce qui est nécessaire sur un linge blanc en lin ou en coton ;
- les jours et les heures qui avaient été choisies pour opérer dépendent des tableaux indiqués en magie pratique ;
- avant tout, choisir 8 runes selon les nécessités ;
- puis former un dessin avec ces runes, selon ses intentions, pour obtenir une seule et grande rune qui aura la tâche de les relier toutes ;
- chacun pourra partir du symbole, c'est-à-dire de la rune qu'il préfère, sans avoir de préjugés ni de contraintes ;
- après avoir choisi les runes, additionner entre eux les nombres qui les représentent, en les réduisant à 9, comme dans l'exemple : supposons que nous ayons choisi les runes 2 + 6 + 8 + 10 + 11 + 12 + 16 + 17 ; la somme de toutes ces runes sera 82, on devra faire une nouvelle somme de 8 + 2 = 10 et ensuite 1 + 0 = 1 ; donc la valeur horoscopique du total des runes est 1 et dans le chapitre réservé aux nombres, vous pourrez lire l'auspice correspondant ;
- la grande rune obtenue par l'ensemble des runes choisies devra se situer au centre d'un octaèdre, représenté par 2 carrés superposés ;

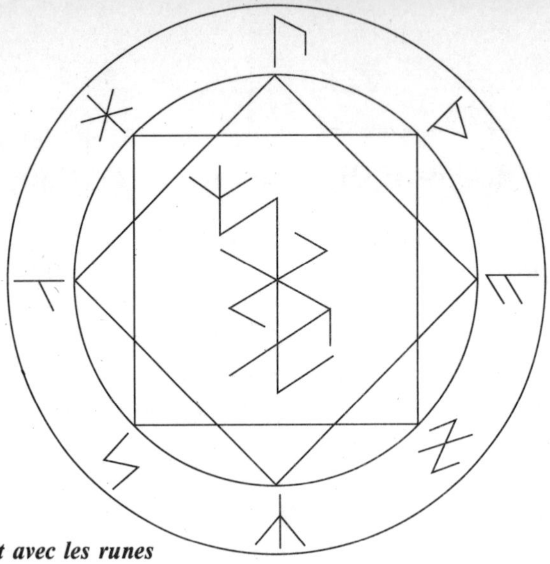

Talisman fait avec les runes

- ces 2 carrés seront à leur tour placés à l'intérieur de 2 cercles magiques entre lesquels il y aura de l'espace;
- entre le cercle intérieur et le cercle extérieur on devra dessiner, en face des sommets des 2 carrés, les 8 runes choisies;
- le dessin obtenu est la réalisation simple du talisman, qui pourra être reproduit sur un anneau, sur une pierre ou sur tout autre objet de votre choix;
- on peut garder la première version en papier du talisman, sur un linge blanc (celui utilisé pour le rituel convient tout à fait), sur l'arrière on mettra le nom de la personne qu'il concerne et on pourra le mettre parmi son linge de corps;
- dans le cas où cela concernerait d'autres personnes, on peut le brûler pour augmenter son intensité énergétique;
- sur l'arrière de l'objet sur lequel on a reproduit le talisman, on peut écrire le nom et la date de naissance de la personne concernée ou bien ajouter un talisman à symbolique salomonique, comme ceux décrits dans les chapitres précédents mais toujours en se rapportant à une seule personne;
- on devra ensuite procéder à la magnétisation, qui est semblable à celle qu'on avait évoquée auparavant pour les autres talismans, c'est-à-dire qu'on considère la lune décroissante pour la purification des impuretés et la lune croissante pour la charge d'énergie magique lunaire.

Comment porter les talismans

On réalise de préférence des talismans qu'on suspend ensuite à une chaîne; ils deviennent ainsi des colliers qu'on portera évidemment au cou, mais il est possible de les porter au contact de la peau, sous les vêtements, loin des mains et des yeux indiscrets.
On peut également opter pour une forme idéale: des bracelets et des anneaux qu'on devra au contraire porter:
- **à gauche**: pour des affaires de cœur et affectives;
- **à droite**: pour des affaires d'esprit et matérielles.

Chaque doigt de la main a un rapport spécifique propre avec l'astrologie qu'il faut prendre en compte, même s'il n'apparaît pas absolument indispensable pour le résultat final.

INDEX	JUPITER
MEDIUS	SATURNE
ANNULAIRE	SOLEIL
AURICULAIRE	MERCURE

Une précision très importante s'impose. Parfois, quand on entre en possession d'un talisman, il peut se produire certains événements qui ont une apparence négative. Ce n'est pas le talisman qui les a provoqués, mais ces faits étaient déjà latents et sur le point d'arriver. Le talisman les a seulement rendus plus proches dans le temps, dans le but de les chasser à nouveau de l'endroit d'où ils étaient venus. On ne doit pas oublier que le talisman n'est pas simplement un acte magique et qu'il n'a pas le pouvoir de modifier la matière, mais qu'il porte en lui une condensation d'énergie telle que, au moment du contact avec la personne qui devra le porter, il pourra se produire des situations un peu confuses, comme cela arrive quand, dans un fleuve, si on agite le fond, la terre se soulève et pendant un moment l'eau devient trouble, mais ensuite la terre se redépose bien et l'eau redevient limpide.

Magie pratique

Nous avons déjà vu au début du livre ce qu'est la magie et à quoi elle sert : voyons maintenant comment l'appliquer sous une forme pratique et efficace.
Il est évident que faire et dire sont deux choses, dans le sens où la différence entre les pensées et les actions est souvent très grande et que les deux instances, dire et faire, arrivent rarement à se rencontrer pour rendre les pensées réalisables.
Tous les tableaux des pages suivantes seront utiles pour réaliser des actions magiques, tant pour les talismans que dans les rituels magiques, mais elles seront efficaces seulement si on respecte les indications.

Jours et connexions planétaires

Indépendamment du fait que les planètes correspondant aux jours qu'elles représentent sont du genre masculin ou féminin, les hommes et les femmes peuvent les utiliser pour les mêmes motifs, en respectant évidemment les jours indiqués et leur fonction, puisque, si on opère à des jours contraires aux motivations, cela produira des discordances et le but désiré ne sera donc pas atteint.
Le jour choisi sera déjà un point de référence très valable, dans le sens de la relation à l'opération qu'on veut mener à terme, mais le choix de l'heure exacte impliquera une pos-

CORRESPONDANCES MAGIQUES TIREES DE LA CLE DE SALOMON

Jour	Dimanche	Lundi	Mardi	Mercredi	Jeudi	Vendredi	Samedi
Planète	Soleil ☉	Lune ☾	Mars ♂	Mercure ☿	Jupiter ♃	Vénus ♀	Saturne ♄
Couleur	Doré ou jaune	Argent ou blanc ou gris	Rouge	Multicolore ou pourpre	Bleu	Vert	Noir
Métal	Or	Argent	Fer	Mercure	Etain	Cuivre	Plomb
Signe zodiacal	Lion ♌	Cancer ♋	Scorpion ♏	Gémeaux ♊	Sagittaire ♐	Balance ♎	Capricorne ♑
Plante	Laurier	Saule	Cèdre	Noisetier	Pin	Myrte	Chêne
Pierres	Diamant Charbon	Perle Sélénite Cristal Quartz rosé	Rubis Jaspe Antimoine Soufre	Agate Sardoine Opale Onyx	Saphir Lapis-lazuli Tourmaline Pierre à feu	Emeraude Améthyste Chrysolite Béryl	Turquoise Grenat Obsidienne Calamite
Opérations	Argent Amitié Sortilèges	Voyages Amour Réconciliation Messages Visions Eau	Courage Guerre Destruction Massacre	Affaires Arts Sciences Mensonges	Honneurs Richesse Santé Amitié	Amour Voyages Plaisir	Affaires Savoir Propriété Haine

sibilité plus grande de réalisation ; c'est pourquoi l'opérateur amateur pourra se contenter de faire ses expériences les jours indiqués, alors que l'opérateur magique fervent devra tenir compte des heures magiques et les respecter.

DIMANCHE-SOLEIL

Le jour qui correspond à l'astre maître de notre système solaire, on peut opérer pour avoir du succès dans son travail, l'argent et la propriété, pour obtenir l'appui de personnes puissantes, favoriser l'amitié et les aventures sentimentales, pour se procurer un soutien contre les hostilités, fortifier l'espoir et permettre la réussite des sortilèges contre la rivalité, les litiges et les procès.

LUNDI-LUNE

Ce jour est représenté par l'astre nocturne qui préside à tout ce qui est en relation avec le féminin, l'instinct, l'intuition et la réceptivité occulte. Il convient aux voyages, aux traversées sur l'eau, à l'amour et à la réconciliation. Il protège la vie et les biens familiaux, les rapports avec la famille et les parents ; il est favorable aux déménagements, à la prise d'initiatives dans les affaires, mais aussi à l'interruption de ces initiatives, en influençant les interlocuteurs ; il favorise la propagande et le fait de parler en public.
La lune est également positive pour semer, greffer, commencer la construction de bâtiments, mais est négative pour les entreprises qui pratiquent une politique agressive ; elles doivent donc éviter les jours et les heures lunaires.

LUNE NOUVELLE

C'est l'idéal pour se protéger des vols.

MARDI-MARS
La planète est masculine et se réfère à l'agressivité, au courage et à l'audace. Ce jour-là on peut favoriser les succès militaires et les instincts agressifs visant à détruire les ennemis ; on peut favoriser la santé pour les maladies relatives au cœur, obtenir la force physique et sexuelle, avoir de la chance dans des actions en rapport avec le travail pour lesquelles il est nécessaire d'être fort.

MERCREDI-MERCURE
Il convient à l'éloquence, aux arts et aux sciences, donne de la souplesse et de la vivacité d'esprit, favorise les déplacements, les voyages, les communications et entre en syntonie surtout avec les jeunes. Bon également pour les affaires, pour la protection des biens et pour éviter les vols et les escroqueries.

JEUDI-JUPITER
Ce jour est idéal pour obtenir la richesse, les honneurs, le succès, la justice et la réalisation de ses désirs, pour les amitiés et pour la santé, mais c'est un jour présidé par une planète qui amplifie chaque chose, et donc ne peut être utilisé dans les moments défavorables, parce qu'on peut courir le risque de les voir empirer : ceci rend nécessaire d'utiliser Jupiter uniquement quand on a déjà une bonne base de départ. On peut favoriser aussi les activités sexuelles, sans implications affectives et sans les chagrins d'amour.

VENDREDI-VENUS
C'est un jour présidé par une énergie très douce, il est donc favorable à l'amour véritable, à la sociabilité et à l'amitié, au plaisir et aux voyages en général. Il a une très bonne influence sur toutes les situations liées à l'art et aux valeurs artistiques, à l'élégance, la mode, le beau, l'esthétique, il porte chance dans les situations matérielles mais est en harmonie avec la nature et peut être utile pour calmer la nervosité des enfants et des animaux domestiques. Il favorise également le jeu et les spéculations, mais porte en lui la jalousie.

SAMEDI-SATURNE
C'est un jour présidé par la planète du temps et il réalise donc la stabilité dans tous les domaines, en favorisant la patience. Il porte bonheur dans les affaires, est propice pour faire parler des esprits familiers à quelqu'un dans son sommeil, il fait obtenir la connaissance et la science des choses cachées, il favorise les opérations liées aux édifices et à la propriété de terrains. Il sauve de l'abîme et favorise la désintoxication, en aidant les toxicomanes à se retrouver.

Planètes relatives aux constellations

Pour mener parfaitement à terme chaque type d'action magique, tant dans les talismans que dans les véritables rituels, il faudra tenir compte du jour et de la planète qui le préside, mais aussi de la connexion avec les signes zodiacaux ; ainsi, pour opérer au mieux, vous pourrez faire référence à tous les tableaux suivants, en gardant à l'esprit que *domicile* et *exaltation* sont les moments adaptés pour trouver l'accord parfait avec la constellation dans laquelle la planète est reçue, alors que *exil* et *chute* sont les opposés exacts et ne permettent donc pas aux situations de se réaliser, parce que les vibrations de la planète ne sont pas en accord avec celles de la constellation.

Rose des vents sous forme de talismans

Planètes	*Bénéfiques*		*Discordants*	
	Domicile	*Exaltation*	*Exil*	*Chute*
Soleil	Lion	Bélier	Verseau	Balance
Lune	Cancer	Taureau	Capricorne	Scorpion
Mars	Bélier Scorpion	Capricorne	Balance Taureau	Cancer
Mercure	Gémeaux Vierge	Vierge	Sagittaire Poissons	Poissons
Jupiter	Sagittaire Poissons	Cancer	Gémeaux Vierge	Capricorne
Vénus	Balance Taureau	Poissons	Bélier Scorpion	Vierge
Saturne	Capricorne Versau	Balance	Cancer Lion	Bélier

CORRESPONDANCES MAGIQUES POUR LES RITUELS

Partie du jour	Aube	Midi	Couchant	Minuit
Points cardinaux	Est	Sud	Ouest	Nord
Eléments	Air	Feu	Eau	Terre
Phases lunaires	Premier quartier	Pleine lune	Dernier quartier	Nouvelle lune
Phases solaires	Equinoxe de printemps	Solstice d'été	Equinoxe d'automne	Solstice d'hiver
Princes	Lucifer	Satan	Leviathan	Belial
Archanges	Raphaël	Michaël	Gabriel	Auriel
Couleurs du cercle lunaire	Noir Blanc	Blanc Blanc	Blanc Noir	Noir Noir
Couleurs du cercle solaire	Bleu	Rouge	Vert	Jaune
Caractéristiques	Intuition	Action	Fécondation	Secret

Jours et heures défavorables

En magie on finit par avoir, même inconsciemment, des tendances à la superstition, et déjà, le fait de croire à des moments propices signifie implicitement qu'il existe aussi des moments qui ne sont pas parfaitement favorables. Les Egyptiens accordaient une grande importance à cette possibilité et ils avaient établi qu'il ne fallait pas avoir recours à des pratiques magico-ésotériques à ces moments particuliers, parce qu'ils ne pourraient pas fournir de solution heureuse.
Les jours et les heures qui ne sont pas propices, donc défavorables, pour opérer en magie, dans le calendrier actuel, sont :

1er Janvier	23 h	22 Juillet	23 h
25 Janvier	18 h	23 Juillet	23 h
4 Février	20 h	21 Août	1 h
20 Février	22 h	30 Août	19 h
1er Mars	16 h	31 Août	19 h
28 Mars	22 h	3 Septembre	15 h
1er Avril	8 h	21 Septembre	16 h
20 Avril	23 h	3 Octobre	20 h
3 Mai	18 h	22 Octobre	21 h
25 Mai	22 h	5 Novembre	20 h
10 Juin	18 h	28 Novembre	17 h
16 Juin	16 h	7 Décembre	1 h
13 Juillet	23 h	22 Décembre	18 h

Heures magiques du jour et de la nuit

Les heures magiques sont des subdivisions horaires qui n'ont pas toutes la même durée. Toutes les opérations magiques doivent être commencées 10 minutes avant le début de l'heure magique choisie et se terminer 10 minutes avant la fin, pour que l'on soit sûr de se trouver dans l'es-

pace temporel correct. Par ailleurs, s'il s'avère nécessaire d'opérer à midi ou à minuit, l'espace de temps utile sera réduit encore de quelques minutes, parce que les opérations sont commencées seulement 15 minutes après le début de l'heure choisie et terminées 15 minutes après le début de l'heure magique suivante; en fait, on conseille de travailler aux points de rencontre des heures, parce qu'ils n'ont pas une réelle influence. Enfin pensez à calculer une heure de plus quand l'heure légale entre en vigueur.
Deux méthodes permettent de déterminer l'heure la plus propice à l'opération magique. La première consiste à définir le moment précis où la planète choisie se trouve à l'ascendant ou au zénith dans le ciel, le jour de l'opération.
La seconde se fonde sur la subdivision de la journée en 24 parties dirigées chacune par une planète et par son caractère dominant. Le calcul se limite à une division et à une addition en base 60.

- Premièrement on calcule en heures et en minutes l'intervalle entre l'aube et le coucher du soleil pour les heures diurnes. On fait l'inverse pour les heures nocturnes.
- Deuxièmement on divise le résultat en douze parts égales. On obtient alors l'heure planétaire.
- Troisièmement on considère que l'heure effective de l'aube ou du coucher du soleil est le début de la première heure, puis on progresse dans la journée en ajoutant les heures planétaires.

La magie des bougies

Le feu, la chaleur, la lumière: qui ne se sent pas attiré par ces éléments magiques? Prométhée déroba l'étincelle à Vulcain, le dieu du feu, pour la donner à l'homme et il endura des souffrances indicibles suite à ce qui fut considéré par le dieu comme un acte d'un orgueil extrême.
Le Soleil lui-même n'est-il pas un astre de feu? Et n'est-ce pas du Soleil que naît la vie? Comment alors ne pas être attiré à la vue même d'un rayon de soleil? Dans l'Antiquité, on gardait toujours allumé un autel votif en l'honneur des dieux, mais il faut tenir compte aussi du fait que le feu était un élément rare et précieux et que l'homme ne savait pas le reproduire à son gré comme c'est le cas aujourd'hui.

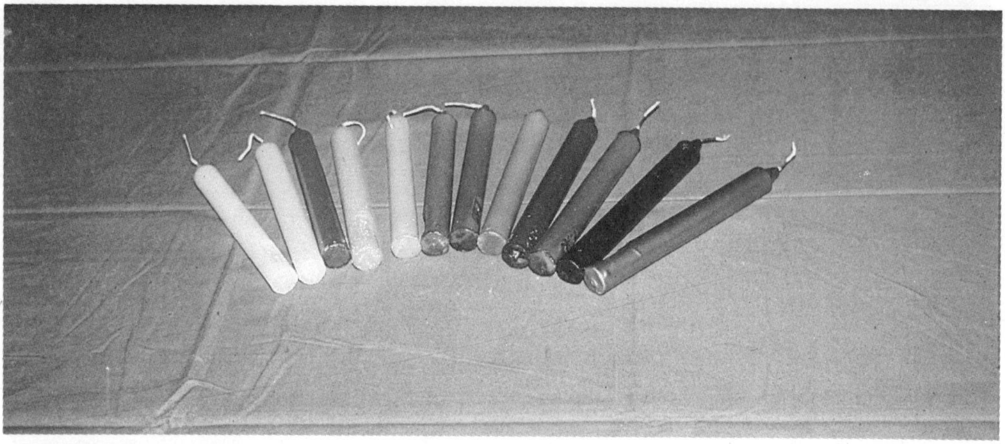

Bougies propitiatoires réalisées en pure cire d'abeille dans les couleurs magiques.

C'est l'avènement du feu qui a vaincu les ténèbres de la nuit et a permis d'identifier les bruits inquiétants de l'obscurité, ces bruits qui ont laissé des traces dans la mémoire génétique et dans l'âme de chaque être humain. Essayez d'imaginer ce que devait être la nuit pour l'homme paléolithique. Pendant la nuit, l'homme est handicapé, car c'est un animal diurne. Il a dû surmonter les angoisses provoquées par les agressions des grands carnivores et des rapaces nocturnes. Le fait donc de s'emparer, ne serait-ce que d'une étincelle de lumière, lui a donné le pouvoir de dominer son environnement. Mais que dire des longues nuits

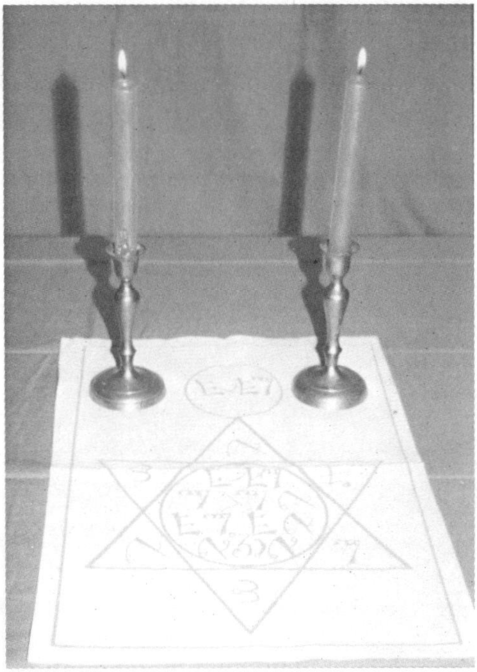

Sur cette page et sur les deux pages suivantes: bougies préparées sur des napperons magiques pour la réalisation de petits envoûtements.

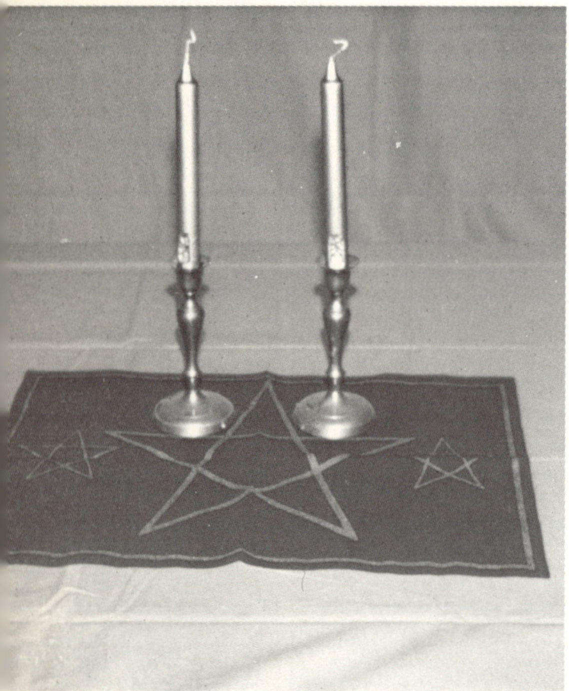

sidérales aux époques glaciaires? Imaginez combien l'homme a dû souffrir du froid. Qu'est-ce-qui lui a permis de surmonter l'épreuve des longues nuits d'hiver? Le feu et sa chaleur. Posséder et reproduire le feu a signifié pour l'homme primitif entrer en contact avec l'énergie de l'univers et en devenir quasiment un dieu; c'est pourquoi l'homme, grâce au feu, s'élève au-dessus de tout autre être vivant et s'approche du transcendant.
Il est donc tout à fait compréhensible que le feu ait fasciné l'esprit humain et ait suscité des rêveries magiques, continuant jusqu'à aujourd'hui, à travers des manifestations mineures, à exercer son charme.
Dans certaines régions, on trouve des traces de grandes cérémonies populaires: dans le Trentin, chaque année, en hiver, des milliers de personnes participent à une longue marche en portant des cierges dans les vallées alpines, et les processions aux flambeaux qui subsistent encore dans les usages populaires reproduisent, même en partie minime, le rapport magico-mystérieux de l'homme avec le feu; et même si, dans les temps modernes, on s'est un peu éloigné de ces manifestations et de ces rites en les considérant comme dénués de réelle utilité, en magie la ritualité du feu conserve une valeur propre et, surtout, les bougies sont toujours utilisées lors des rites propitiatoires pour favoriser la concentration, en permettant ainsi au mage d'entrer en empathie avec les énergies que son pouvoir devra canaliser.
C'est la raison pour laquelle dans le matériel de magie, on trouve un très large usage accordé aux bougies: elles doivent être réalisées en pure cire d'abeille et préparées avec des arômes naturels, en accord avec les énergies possédées par les couleurs et rencontrées dans les connexions planétaires.

Couleurs des bougies et relation

Blanc: donne l'inspiration, augmente la connaissance et aide à résoudre les cas non résolus. Il est surtout spirituel et pour les études.

Jaune: favorise l'amour spirituel et platonique.

Orange: favorise l'activité sexuelle et l'amour matériel.

Rouge clair: a les mêmes propriétés que la couleur précédente.

Rouge intense: augmente la sensualité primitive et l'animalité, donne la force et augmente la capacité de lutter.

Pourpre ou bleu foncé: favorable aux séances médiumniques et au contact avec le monde des Esprits.

Bleu clair: protège des dangers lors des voyages et du mal physique.

Vert: aide à entreprendre de nouveaux travaux et donne la sécurité financière. Favorise les nouvelles amitiés et renforce les relations existantes, même à caractère social.

Argent: est contre l'envie et le mal invisible, comme la psychobolie ou le mauvais œil, et évite les dommages causés par les commérages.

Or: favorise la bonne santé, le succès et la chance en général.

Noir: sa fonction est de nuire.

La magie de l'encens

L'encens est lui aussi un élément très utilisé rituellement, tant dans les religions que dans les arts divinatoires; il tient toujours un rôle dans deux éléments fondamentaux: la **concentration**, la **purification**.
De tous les temps, dans les églises chrétiennes, le parfum de l'oliban (encens caractéristique des fonctions religieuses) a certainement laissé des souvenirs qui sont restés marqués d'une façon indélébile dans nos cellules, et, comme pour la flamme des bougies, quelque chose d'atavique se sera certainement réveillé en nous, même si nous ne nous en sommes pas rendu compte. Chacun aura certainement fait l'expérience sur lui-même de la sensation bien

particulière que lui procure le fait d'inspirer de l'encens et, même s'il n'est pas agréable à tous, il est lié, comme d'autres souvenirs ancestraux, au réveil en nous de certaines énergies latentes qui, en revenant à la surface, ont la possibilité de se mettre en harmonie avec les énergies du monde qui nous entoure.

Pour un bon opérateur magicien, le fait de parfumer et d'enfumer le milieu où il opère est plus qu'un rituel : il sert

En haut : encensoirs de diverses formes, qu'on peut utiliser pour purifier l'ambiance et les personnes, posés sur le tapis magique de la lune. L'encensoir ouvert contient de l'encens en grains.

vraiment à préparer l'esprit à la réceptivité, à la capacité de pénétrer les secrets cosmiques et pour cette raison, l'encens est utilisé surtout dans les rituels magiques en même temps que les bougies et on l'emploie pour purifier chaque chose dont on se sert pour l'enchantement, et pour réveiller certaines énergies latentes dans la partie la plus profonde de l'esprit humain, en favorisant ainsi le résultat auquel on veut parvenir.

Préparer les encens pour les rituels demande une immense expérience : je suggère donc de recourir aux experts en la matière pour se procurer des encens tout préparés ou de se les procurer auprès des magiciens et d'y ajouter ensuite des

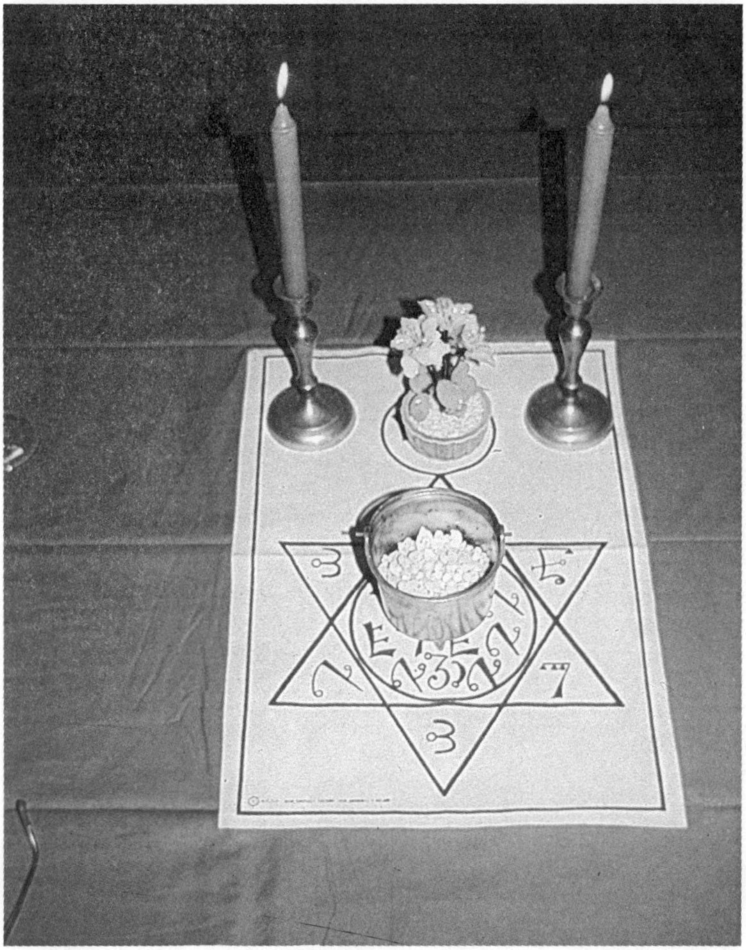

Ci-contre : napperon magique préparé avec de l'encens en grains et des bougies bleues, prêtes pour les rites propitiatoires de la santé et pour rendre plus sereins les milieux où on opère. L'encens est placé à l'intérieur d'un brasier différent des encensoirs présentés jusqu'à maintenant.

A la page précédente, en bas : encensoirs posés sur le tapis magique du Soleil avec, à côté, des bougies rouges allumées, préparées pour des cérémonies en rapport avec les sentiments.

A partir du haut: encens de «poudre de Jéricho», réalisé avec de la poudre d'herbes et de fleurs orientales: est utilisé surtout pour favoriser la concentration durant les rituels ésotériques; encens en grains du «mont Athos», traité selon les méthodes des moines du mont Athos, avec des essences de roses bulgares: il est idéal pour les méditations et les prières; encens de «poudre de Galilée», réalisé avec des poudres d'encens oriental et des poudres de fleurs: est utilisé avant les cérémoniaux de haute magie rituelle.

Encens variés préparés et utilisables pour diverses motivations.

arômes naturels très simples pour en personnaliser la composition, selon un but et une finalité bien précis.
Rappelez-vous que le fait de brûler de l'encens sera pour vous une étape très importante des rituels que vous voudrez accomplir : par l'intermédiaire de cette opération vous vous mettrez en contact avec les énergies ou « entités » qui président à chaque situation humaine ; pour mener à bien cette opération vous devrez donc utiliser des substances odorantes très agréables : ni trop fortes, ni dénuées d'arômes pénétrants qui puissent aider les énergies cachées à se réveiller, comme si elles étaient sollicitées par les vibrations émises par les arômes des encens et attirées sur le plan humain par ces parfums magiques, agréables entre tous.
Lors des évocations l'utilisation de l'encens apparaîtra donc comme fondamentale, encore plus que pour la préparation des talismans, même si on ne doit évidemment pas négliger le parfum et l'importance de l'encens utilisé.
A la base de la magie salomonique, qui est celle à laquelle presque tout ce livre se réfère, vous pourrez trouver les encens déjà préparés avec leurs connexions planétaires : Soleil-Lune-Mars-Mercure-Jupiter-Vénus-Saturne. Pour

parvenir à de meilleurs résultats, il est recommandé de vous munir de tous ces encens. Toutefois, pour vos travaux d'enquête (que ce soit par cartomancie, radiesthésie ou écriture médiumnique), ou bien lorsque vous souhaiterez influencer positivement par votre volonté une situation très complexe, ou bien lorsque vous voudrez vous concentrer et méditer, vous pourrez parfumer l'ambiance avec un encens que vous aurez préparé selon les suggestions suivantes.

COMPOSITION FONDAMENTALE DE L'ENCENS PROPITIATOIRE

Encens, myrrhe, laurier: ajouter éventuellement des arômes de verveine, des pétales de fleurs séchées et des parfums, selon ce qui a déjà été dit auparavant.
Vous pourrez ajouter à l'encens du sel et du sucre au choix, d'après vos motivations:

Brasier de table, utilisé pour purifier les milieux des cartomanciens et des magiciens, et bougie en or, en forme d'étoile de David, représentant une prière.

Encens en bâtonnet de provenance indienne. On les utilise soit pour purifier des milieux de faibles dimensions où on fait normalement de la divination soit sa propre maison.

- pour donner de la vitalité, ajouter du sel (quelques grains): si vous vous trouvez en face de personnes dépressives, vous pourrez utiliser le sel;
- pour trouver la sérénité, ajouter du sucre (une pincée) : si vous devez affronter des situations très tendues, vous pourrez utiliser le sucre.

Mode d'emploi: dans le fourneau choisi pour aromatiser l'ambiance, posez des charbons de bois sur lesquels vous poserez ensuite l'encens que vous avez préparé, et versez dessus quelques gouttes du parfum astral correspondant au jour ou à la situation; ensuite, allumez le contenu du fourneau, en cherchant à en respirer le parfum et en le laissant brûler jusqu'au bout.

Rituel magique

En tenant compte des jours et des heures magiques, vous aurez la manière de faire face à n'importe quel type d'opération magique, mais pour vous aider à la réaliser au mieux, je vous proposerai des exemples classiques qui sont bien adaptés à toute circonstance de la vie, en relation avec les connexions des jours planétaires.

« Œufs cosmiques » réalisés en pierres dures, que quelques utilisateurs gardent dans leur cabinet de travail pour rendre plus harmonieuse l'ambiance dans laquelle ils opèrent.

Vous devez garder à l'esprit que les rituels sont plus ou moins les mêmes, même s'ils se rapportent à des situations différentes ; ils ont en commun la volonté de l'opérateur magique de faire en sorte que les énergies et les intelligences inhérentes à toute situation puissent être canalisées de façon à obtenir le résultat attendu. L'efficacité de la magie développée dans les rituels dépendra surtout de la capacité que vous aurez d'entrer en contact avec les énergies de l'univers. Cela ne sera donc pas suffisant de répéter parfaitement le rite pour obtenir le résultat : vous devrez être capable d'entrer physiquement en contact avec l'entité du problème qui se trouvera ainsi résolu sur votre ordre. Vous devrez chercher à mettre en pratique le phénomène d'identification psychométrique avec votre volonté et avec les exercices décrits dans le chapitre où elle est traitée, en tenant compte du fait que les phénomènes paranormaux dont vous devez être doué ne peuvent se développer que si vous vous engagez constamment à respecter la méthode indiquée, même si elle peut vous sembler ennuyeuse.
La magie imitative, à laquelle malheureusement beaucoup se réfèrent, est déjà en soi un bon produit, mais ce n'est pas le meilleur que l'homme-magicien peut réaliser : il vous faudra donc vous contenter d'un résultat médiocre ou bien influencer vraiment la vie autour de vous et dominer les forces et les énergies qui président aux actions sur terre.

Le bien ou le mal : un problème de conscience

Le problème du bien et du mal en magie correspond malheureusement à des facteurs et à des valeurs subjectifs : quand une personne veut obtenir les attentions du bien-aimé et que le bien-aimé n'en sait rien ou, pis encore, *ne veut rien en savoir*, ce qui paraît honnête à l'une peut être mal vu de celle qui est l'objet de ces attentions magico-affectives.
Si au contraire une personne s'adresse au magicien dans le but d'aider une autre personne, à qui elle est liée par des liens affectifs, à recouvrer la santé l'action magique s'exprime pratiquement toute dans une donation dirigée vers celui qui en recevra le bienfait.

Il s'ensuit que chacun devra faire son examen de conscience ; même le magicien, qui aura dirigé ses actions vers le bien ou le mal, devra régler ses comptes avec les puissances avec lesquelles il entrera en contact et avec sa propre conscience.

Il est de mon devoir, puisque j'ai voulu préparer cet ouvrage, de vous tenir au courant de chaque chose. En analysant en détail la part consacrée aux rituels, vous pourrez vous rendre compte de la façon dont vous devrez agir, dans le bien et dans le mal, selon le choix que vous aurez opéré. Vous pourrez, en fait, opérer de manière à vous débarrasser d'un sortilège fait à votre détriment, mais en même temps vous aurez la possibilité de causer des dommages aux autres ; vous aurez les moyens de favoriser les liens amoureux, mais également de les défaire ; vous pourrez résoudre un problème, mais aussi le faire naître. C'est vous qui serez l'unique arbitre de votre conscience ! Souvenez-vous que vous serez par conséquent aussi le censeur, et, comme cela arrive toujours dans la nature, si votre conscience n'est pas très tranquille, elle ne tardera pas à vous demander des comptes sur les actions que vous aurez accomplies.

Décidez donc en toute sérénité quelle route prendre, mais n'oubliez pas que chaque chose a son prix. Si vous choisissez la route la plus difficile, celle du bien, vous devrez en payer le juste prix, mais vous devrez le faire également si vous choisissez la voie du mal.

Les journées planétaires

DIMANCHE
Pour avoir l'énergie vitale, le succès dans le travail, mener à bonne fin des tractations financières et des affaires en cours, gagner de l'argent dans toutes les affaires, obtenir l'appui et la protection de personnes influentes, l'emporter sur toutes les conditions défavorables, favoriser l'amitié et les aventures sentimentales, acquérir ou louer un appartement, vous défendre avec succès dans les litiges et les procès et tout ce qui se réfère à l'astre du jour.

Vous pourrez utiliser cette journée pour provoquer toute requête juste ou moins juste, selon ce que vous voulez exaucer, que ce soit les requêtes occasionnées par des intentions généreuses ou des buts égoïstes ; mais pour ne pas mélanger le bien et le mal, choisissez par avance l'entité, ange ou démon, à laquelle vous vous adresserez, sans les mélanger. Puis fixez l'heure correspondant au Soleil et procédez comme suit, de façon à être prêt à commencer le rituel 10 minutes après le début de l'heure magique correspondante et à l'achever 10 minutes avant la fin :

- lavez-vous et purifiez-vous abondamment pour vous préparer au rite ;
- mettez le vêtement magique de couleur blanche pour des actions généreuses, ou noire pour des actions égoïstes ;
- rappelez-vous que l'autel et les opérations doivent être dirigés vers l'est, poursuivez donc dans la préparation du rituel ;
- préparez l'autel avec des encens allumés pour la purification ;
- préparez 7 bougies de couleur or ou orange ;
- posez le pentagramme sur l'autel ;
- mettez au centre le chandelier hébraïque menorah avec les 7 bougies allumées ;
- répétez ces mots de force correctement 18 fois : **Om hem rim klim ciamunda e vicce** ;
- posez contre le pentagramme le carré magique du Soleil ;
- posez la photographie et tout ce que vous avez de la personne pour laquelle vous voulez effectuer le rituel ;
- agenouillez-vous devant l'autel et invoquez le nom de la divinité, ange ou démon, à laquelle vous avez décidé de vous adresser pour l'intervention magique, en le scandant à haute voix et en le faisant vibrer avec intensité, afin d'activer les forces et les intelligences auxquelles préside le dieu du carré magique ;
- réclamez par vos paroles leur attention pour la requête d'intervention magique sur la situation qu'on est en train de chercher à réaliser, en disant le nom de la personne objet de l'envoûtement ;
- avec le bras droit tendu et la baguette magique tournés vers le carré planétaire, tracez en l'air le quadrillage de ce même carré ;

- agissez en écrivant en l'air les nombres du carré, en suivant la numérotation du plus petit au plus grand, sans repartir en arrière;
- visualisez la situation que vous voulez réaliser comme si elle était en train d'entrer dans le carré magique invisible que vous avez tracé avec la baguette magique;
- enfin dites: **Que ma volonté soit faite. Amen**;
- scellez la volonté, en traçant, toujours avec le bras droit tendu et la baguette magique, trois croix en l'air;
- remerciez les forces que vous avez voulu appeler pour activer le carré magique et pour l'envoûtement demandé et libérez-les à haute voix;
- remerciez le dieu qui préside aux forces que vous avez appelées. Pour le dimanche, c'est **Eloah Vadaath**, et demandez-lui de vous aider à réaliser l'envoûtement magique que vous venez de terminer;
- remettez soigneusement en place le matériel utilisé, en le replaçant dans un endroit approprié, qui doit être utilisé seulement pour ces choses-là, selon ce qui a déjà été décrit dans le chapitre des connexions planétaires.

Si par hasard vous avez fait quelques erreurs de procédure, vous devez répéter le rituel en entier, à moins que l'heure ne soit dépassée; dans ce cas vous devrez vous assurer que vous pourrez vous servir de l'heure solaire qui se représentera ensuite, en vous souvenant de la phase décroissante et de la phase croissante, en fonction desquelles vous pourrez approcher ou éloigner ce que vous désirez.

LUNDI
L'astre nocturne préside à tout ce qui a une relation avec le féminin et est favorable pour développer la réceptivité, les phénomènes paranormaux et les instincts, pour réguler le cycle lymphatique, pour semer et greffer, pour protéger la vie de famille, les enfants et les parents, les déménagements. Mais il est propice également pour un voyage, pour la réconciliation dans les situations affectives et amoureuses, pour parler en public et pour faire changer ses interlocuteurs d'idée, ainsi que pour tout ce qui a une relation avec la planète correspondant au jour.

Vous pourrez utiliser cette journée de façon à développer toute requête licite ou moins licite, selon ce que vous voulez exaucer, que ce soient les requêtes motivées par des intentions généreuses ou des buts égoïstes ; mais pour ne pas mêler le bien et le mal, choisissez à l'avance l'entité, ange ou démon, à laquelle vous vous adresserez, sans les mélanger. Rappelez-vous que la lune nouvelle est favorable pour protéger des vols. Fixez l'heure correspondant à la lune et procédez comme suit, de façon à être prêt à commencer le rituel 10 minutes après le début de l'heure magique correspondante et à l'achever 10 minutes avant la fin :

- lavez-vous et purifiez-vous abondamment, pour vous préparer au rite ;
- mettez le vêtement magique de couleur blanche, pour des actions généreuses où on prodigue, ou noire, pour des buts égoïstes où on exige ;
- lors de la préparation du rituel, souvenez-vous que l'autel et les opérations doivent être dirigés vers l'est ;
- préparez l'autel avec les encens allumés pour la purification ;
- préparez 7 bougies de couleur argent ou blanche ;
- posez le pentagramme sur l'autel ;
- mettez au centre le chandelier hébraïque avec les 7 bougies allumées ;
- répétez ces paroles de force correctement 18 fois : **Om hem rim klim ciamunda e vicce** ;
- posez contre le pentagramme le carré magique de la Lune ;
- posez la photographie et tout ce que vous avez de la personne pour laquelle vous voulez effectuer le rituel ;
- agenouillez-vous devant l'autel et invoquez le nom de la divinité, ange ou démon, que vous avez décidé d'appeler pour l'intervention magique, en le scandant à haute voix et en le faisant vibrer avec intensité, pour activer les forces et les intelligences auxquelles préside le dieu du carré magique ;
- réclamez par vos paroles leur attention à votre requête pour une intervention magique sur la situation qu'on est en train d'essayer de réaliser, en disant le nom de la personne qui fait l'objet de l'envoûtement ;
- avec le bras droit tendu et la baguette magique tournés vers le carré planétaire, tracez en l'air le quadrillage de ce carré ;

- continuez en écrivant en l'air les nombres du carré, en suivant la numérotation du plus petit nombre au plus grand, sans revenir en arrière;
- visualisez la situation que vous voulez réaliser comme si elle entrait dans le carré magique invisible que vous avez tracé avec la baguette magique;
- enfin prononcez cete phrase: **Que ma volonté soit faite. Amen**;
- scellez votre volonté en traçant, toujours avec le bras droit tendu et la baguette magique, trois croix en l'air;
- remerciez les forces que vous avez voulu appeler pour activer le carré magique et pour l'envoûtement demandé et renvoyez-les à haute voix;
- remerciez le dieu qui préside aux forces que vous avez appelées, qui, pour la journée de la Lune, est **Shaddai-El Chai**, et demandez-lui de vous aider à réaliser l'envoûtement magique que vous venez de terminer;
- remettez soigneusement en place le matériel utilisé, en le rangeant dans un lieu approprié, qui doit être utilisé seulement pour ce matériel, selon ce qui a été déjà décrit au chapitre des connexions planétaires;

Si par hasard vous avez commis quelques erreurs de procédure, vous devez répéter le rituel en entier, à moins que l'heure ne soit passée; dans ce cas vous devrez vous assurer que vous pourrez utiliser l'heure lunaire qui se représentera, en vous souvenant de la phase décroissante et de la phase croissante, en fonction de laquelle vous pourrez approcher ou éloigner ce que vous désirez.

MARDI
Pour améliorer les situations où sont utiles le courage et l'audace, pour commencer les hostilités et attaquer, réprimer, combattre jusqu'à la victoire, pour détruire les ennemis et pour veiller à sa santé, mais aussi pour provoquer des troubles violents, obtenir la vigueur physique et sexuelle, aller à la pêche ou à la chasse avec succès, et aussi pour tout ce qui a un rapport avec la planète correspondant au jour.

Vous pourrez utiliser cette journée de façon à développer toute requête juste ou moins juste, selon ce que vous voulez exaucer, que ce soit les requêtes motivées par des intentions généreuses ou par des buts égoïstes ; mais pour ne pas mêler le bien et le mal, choisissez d'avance l'entité, ange ou démon à laquelle vous vous adresserez, sans les mélanger. Fixez ensuite l'heure correspondant à Mars et agissez comme suit, de façon à être prêt à commencer le rituel 10 minutes après le début de l'heure magique correspondante et à l'achever 10 minutes avant la fin :

- lavez-vous et purifiez-vous abondamment, pour vous préparer au rituel ;
- mettez le vêtement magique de couleur blanche, à des fins généreuses, c'est-à-dire pour donner, ou noire, dans des buts égoïstes, c'est-à-dire pour prendre ;
- rappelez-vous que l'autel et les opérations doivent être dirigés vers l'est, poursuivez ensuite dans la préparation du rituel ;
- préparez l'autel avec les encens allumés pour la purification ;
- préparez 7 bougies de couleur rouge intense ;
- posez le pentagramme sur l'autel ;
- mettez au centre le chandelier hébraïque avec les 7 bougies allumées ;
- répétez ces mots de force correctement 18 fois : **Om hem rim klim ciamunda e vicce** ;
- posez contre le pentagramme le carré magique de Mars ;
- posez la photographie et tout ce que vous avez de la personne pour laquelle vous voulez effectuer le rituel ;
- agenouillez-vous devant l'autel et invoquez le nom de la divinité, ange ou démon que vous avez décidé d'appeler pour l'intervention magique, en le scandant à haute voix, et en le faisant vibrer avec intensité, pour activer les forces et les intelligences auxquelles préside le dieu du carré magique ;
- attirez leur attention avec vos paroles pour réclamer leur intervention magique sur la situation qu'on est en train d'essayer de réaliser, en disant le nom de la personne qui est l'objet de l'envoûtement ;
- avec le bras droit tendu et la baguette magique dirigés vers le carré planétaire, tracez en l'air le quadrillage de ce carré ;

- continuez en écrivant en l'air les nombres du carré, suivant la numérotation du plus petit chiffre au plus grand, sans revenir en arrière;
- visualisez la situation que vous voulez réaliser comme si elle était en train d'entrer dans le carré magique invisible que vous avez tracé avec la baguette magique;
- enfin dites: **Que ma volonté soit faite. Amen**;
- scellez votre volonté en traçant, toujours avec le bras droit tendu et la baguette magique, trois croix en l'air;
- remerciez les forces que vous avez voulu appeler pour activer le carré magique et pour l'envoûtement demandé et libérez-les à haute voix;
- remerciez le dieu qui préside aux forces du mardi qui ont été appelées, qui est **Elohim Gibor**, et demandez-lui de vous aider à réaliser l'envoûtement magique que vous venez de terminer;
- remettez en place soigneusement le matériel utilisé, en le rangeant dans un endroit approprié, qui doit être utilisé seulement pour ce matériel, selon ce qui a déjà été décrit au chapitre des connexions planétaires.

Si par hasard vous avez fait quelques erreurs de procédure, vous devez recommencer le rituel dans son entier, à moins que l'heure ne soit dépassée; dans ce cas vous devrez vous assurer que vous pourrez utiliser l'heure de Mars qui se représentera, en vous souvenant de la phase décroissante et de la phase croissante, où vous pourrez approcher ou éloigner ce que vous désirez.

MERCREDI
Pour avoir des succès dans les études et les sciences en favorisant la vivacité d'esprit, en dynamisant tout ce qui vous intéresse, pour réussir à des concours, des examens ou des demandes, avec une référence particulière aux jeunes, avec lesquels on entre plus facilement en syntonie; pour protéger les biens des vols et des escroqueries, pour faire circuler l'argent plus rapidement et pour signer des contrats, pour favoriser les voyages et les communications et tout ce qui a un rapport avec Mercure.

Vous pourrez utiliser cette journée de façon à développer toute demande licite ou moins licite, selon ce que vous voulez exaucer, que ce soit les requêtes motivées par des intentions généreuses ou des buts égoïstes; mais pour ne pas mêler le bien et le mal, choisissez d'avance l'entité, ange ou démon, à laquelle vous vous adresserez, sans les mélanger. Fixez ensuite l'heure correspondant à Mercure et procédez comme suit, de façon à être prêt à commencer le rituel 10 minutes après le début de l'heure magique correspondante et à le terminer 10 minutes avant la fin:

- lavez-vous et purifiez-vous abondamment pour vous préparer au rituel;
- mettez le vêtement magique de couleur blanche, à des fins généreuses, c'est-à-dire pour donner, ou noire dans des buts égoïstes, c'est-à-dire pour prendre;
- rappelez-vous que l'autel et les opérations doivent être dirigés vers l'est, ensuite continuez dans la préparation du rituel;
- préparez l'autel avec les encens allumés pour la purification;
- préparez 7 bougies de couleur irisée ou métallique;
- posez le pentagramme sur l'autel;
- mettez au milieu le chandelier hébraïque avec les 7 bougies allumées;
- répétez ces paroles de force correctement 18 fois: **Om hem rim klim ciamunda e vicce**;
- posez contre le pentagramme le carré magique de Mercure;
- posez la photographie et tout ce que vous avez de la personne pour laquelle vous voulez effectuer le rituel;
- agenouillez-vous devant l'autel et invoquez le nom de la divinité, ange ou démon, à laquelle vous avez décidé de faire appel pour l'intervention magique, en le scandant à haute voix et en le faisant vibrer avec intensité, pour activer les forces et les intelligences auxquelles préside le dieu du carré magique;
- appelez de vos mots leur attention à la requête d'intervention magique sur la situation que vous êtes en train d'essayer de réaliser, en disant le nom de la personne objet de l'envoûtement;
- avec le bras droit tendu et la baguette magique dirigés vers le carré planétaire, tracez en l'air le quadrillage correspondant;

- écrivez en l'air les nombres du carré, du plus petit au plus grand, sans revenir en arrière ;
- visualisez la situation que vous voulez réaliser comme si elle entrait dans le carré magique invisible que vous avez tracé avec la baguette magique ;
- enfin dites : **Que ma volonté soit faite. Amen** ;
- scellez votre volonté en traçant toujours, avec le bras droit tendu et la baguette magique, trois croix en l'air ;
- remerciez les forces auxquelles vous avez voulu faire appel pour activer le carré magique et pour l'envoûtement que vous avez demandé et libérez-les à haute voix ;
- remerciez le dieu qui préside aux forces sollicitées du mercredi sous le nom **Elohim Tzabaoth** et demandez-lui de vous aider à réaliser l'envoûtement magique que vous venez de terminer ;
- rangez soigneusement le matériel utilisé, en le remettant dans un endroit approprié, qui doit être utilisé seulement à cet effet, selon ce qui a déjà été décrit dans le chapitre des connexions planétaires.

Si par hasard vous avez fait quelques erreurs de procédure, vous devez recommencer le rituel en entier, à moins que l'heure ne soit dépassée ; dans ce cas vous devez vous assurer du moment où l'heure de Mercure reviendra, en vous rappelant de la phase décroissante et de la phase croissante qui vous fera approcher ou éloigner ce que vous désirez.

JEUDI
Pour obtenir la richesse et les honneurs, gagner au jeu, avoir le succès et la justice, pour réaliser ses désirs, conquérir une femme et favoriser la santé, pour amplifier tout ce qu'on veut obtenir (en tenant compte du fait que, par sa nature, il peut provoquer une extension des situations et donc également de celles qui sont défavorables, il sera donc bien d'y avoir recours seulement quand la situation de départ est déjà positive), et aussi pour tout ce qui est en relation avec la planète correspondant au jour.

Vous pourrez utiliser cette journée de façon à développer toute requête licite ou moins licite, selon ce que vous voulez exaucer, que ce soit les requêtes motivées par des intentions généreuses ou des buts égoïstes; mais pour ne pas mêler le bien et le mal choisissez à l'avance l'entité, ange ou démon, à qui vous vous adresserez, sans les mélanger. Fixez ensuite l'heure correspondant à Jupiter et procédez ensuite comme suit, de façon à être prêt à commencer le rituel 10 minutes après le début de l'heure magique correspondante et à l'achever 10 minutes avant la fin:

- lavez-vous et purifiez-vous abondamment, pour vous préparer au rituel;
- mettez le vêtement magique de couleur blanche pour une prodigalité généreuse, ou noire pour des buts égoïstes, et pour attirer sur soi ce qu'on veut;
- rappelez-vous que l'autel et les opérations doivent être dirigés vers l'est, continuez ensuite dans la préparation du rituel;
- préparez l'autel avec les encens allumés pour la purification;
- préparez 7 bougies de couleur bleue ou pourpre;
- posez le pentagramme sur l'autel;
- mettez au centre le chandelier hébraïque avec les 7 bougies allumées;
- répétez ces mots de force correctement 18 fois: **Om hem rim klim ciamunda e vicce**;
- posez le pentagramme contre le carré magique de Jupiter;
- posez la photographie et tout ce que vous avez de la personne pour qui vous voulez effectuer le rituel;
- agenouillez-vous devant l'autel et invoquez le nom de la divinité, ange ou démon, à laquelle vous avez décidé de faire appel pour l'intervention magique, en le scandant à haute voix et en le faisant vibrer avec intensité, pour activer les forces et les intelligences auxquelles préside le dieu du carré magique;
- réclamez de vos paroles leur attention à la requête d'intervention magique sur la situation qu'on est en train d'essayer de réaliser, en disant le nom de la personne objet de l'envoûtement;
- avec le bras droit tendu et la baguette magique dirigés vers le carré planétaire, tracez en l'air le quadrillage de celui-ci;

- agissez en écrivant en l'air les nombres du carré, en suivant les nombres, du plus petit au plus grand, sans revenir en arrière ;
- visualisez la situation que vous voulez réaliser, comme si elle entrait dans le carré magique invisible que vous avez tracé avec la baguette magique ;
- enfin prononcez cette phrase : **Que ma volonté soit faite. Amen** ;
- scellez votre volonté en traçant, toujours avec le bras droit tendu et la baguette magique, trois croix en l'air ;
- remerciez les forces auxquelles vous avez voulu faire appel pour activer le carré magique et pour l'envoûtement demandé et libérez-les à haute voix ;
- remerciez le dieu qui préside aux forces sollicitées du jeudi, qui est **El**, et demandez-lui de vous aider à réaliser l'envoûtement magique que vous venez à peine de terminer ;
- rangez soigneusement le matériel utilisé, en le remettant dans un lieu approprié, qui doit être utilisé seulement à cet effet, selon ce qui a déjà été décrit au chapitre des connexions planétaires.

Si par hasard vous avez fait quelques erreurs de procédure, vous devez recommencer le rituel en entier, à moins que l'heure ne soit dépassée ; dans ce cas vous devrez vous assurer que vous pourrez utiliser l'heure de Jupiter qui se représentera ensuite, en vous souvenant de la phase décroissante et de la phase croissante qui vous fera approcher ou éloigner ce que vous désirez.

VENDREDI
Pour favoriser les relations amoureuses et les sentiments en général, pour réaliser des fiançailles, des mariages, mais aussi pour gagner au jeu et obtenir le succès dans le domaine matériel, augmenter les valeurs artistiques, pour avoir du plaisir dans les voyages, éliminer à la maison les tensions causées par les enfants et les animaux, pour protéger les activités relatives au beau et aux valeurs comme : la mode - les arts - les bijoux - la joaillerie - l'esthétique, et d'autres choses semblables, et aussi tout ce qui a une relation avec la planète.

Vous pourrez utiliser cette journée de façon à développer toute requête licite ou moins licite, selon ce que vous voulez exaucer, que ce soit les requêtes motivées par des intentions généreuses ou par des buts égoïstes ; mais pour ne pas mêler le bien et le mal, choisissez d'avance l'entité, ange ou démon, à laquelle vous vous adresserez, sans les mélanger. Fixez ensuite l'heure correspondant à Vénus et agissez comme suit, de façon à être prêt à commencer le rituel 10 minutes après le début de l'heure magique correspondante et à l'achever 10 minutes avant la fin :

- lavez-vous et purifiez-vous abondamment, pour vous préparer au rituel ;
- mettez le vêtement magique de couleur blanche, pour des fins généreuses où on est prodigue, ou noire, pour des buts égoïstes où on prend ;
- rappelez-vous que l'autel et les opérations doivent être dirigées vers l'est, continuez ensuite dans la préparation du rituel ;
- préparez l'autel avec les encens allumés pour la purification ;
- préparez 7 bougies de couleur verte ;
- posez le pentagramme sur l'autel ;
- mettez au centre le chandelier hébraïque avec les 7 bougies allumées ;
- répétez ces paroles de force correctement 18 fois : **Om hem rim klim ciamunda e vicce** ;
- posez contre le pentagramme le carré magique de Vénus ;
- posez la photographie et tout ce que vous avez de la personne pour qui vous voulez effectuer le rituel ;
- agenouillez-vous devant l'autel et invoquez le nom de la divinité, ange ou démon, à laquelle vous avez décidé de faire appel pour l'intervention magique, en le scandant à haute voix et en le faisant vibrer avec intensité, pour activer les forces et les intelligences auxquelles préside le dieu du carré magique ;
- appelez de vos paroles leur attention à la requête d'intervention magique sur la situation qu'on est en train de chercher de réaliser, en disant le nom de la personne qui est l'objet de l'envoûtement ;
- avec le bras droit tendu et la baguette magique dirigés vers le carré planétaire, tracez en l'air le quadrillage qui le concerne ;

- agissez en écrivant en l'air les nombres du carré, en suivant la numérotation du nombre le plus petit au plus grand, sans revenir en arrière;
- visualisez la situation que vous voulez réaliser, comme si elle entrait dans le carré magique invisible que vous avez tracé avec la baguette magique;
- enfin dites: **Que ma volonté soit faite. Amen**;
- scellez votre volonté en traçant, toujours avec le bras droit tendu et la baguette magique, trois croix en l'air;
- remerciez les forces auxquelles vous avez voulu faire appel pour activer le carré magique et pour l'envoûtement demandé et libérez-les à haute voix;
- remerciez le dieu qui préside aux forces sollicitées du vendredi, qui est **Jeovah Tzabaoth**, et demandez-lui de vous aider à réaliser l'envoûtement magique que vous venez à peine de terminer.
- rangez soigneusement le matériel utilisé, en le remettant dans un lieu approprié qui doit être utilisé seulement pour cela, suivant ce qui a déjà été décrit au chapitre des connexions planétaires.

Si par hasard vous avez fait quelques erreurs de procédure, vous devez répéter le rituel en entier, à moins que l'heure ne soit dépassée; dans ce cas vous devrez vous assurer que vous pourrez utiliser l'heure vénusienne qui se représentera, en vous souvenant de la phase décroissante et de la phase croissante suivant laquelle vous pourrez approcher ou éloigner ce que vous désirez.

SAMEDI
Pour favoriser la stabilité et la patience; pour faciliter les affaires et la richesse; pour obtenir des cadeaux de valeur et protéger les édifices et les biens matériels; pour favoriser la désintoxication des drogués; pour entrer en contact avec les esprits familiers des défunts et connaître les choses cachées; pour étudier la magie; pour commencer tout type d'hostilité et poursuivre avec ténacité ses objectifs; pour assujettir et dominer; pour réaliser toute ambition, et aussi tout ce qui est en relation avec la planète.

Vous pourrez utiliser cette journée de façon à développer toute requête licite ou moins licite, selon ce que vous voulez exaucer, que ce soit les requêtes motivées par des intentions généreuses ou des objectifs égoïstes ; mais pour ne pas mêler le bien et le mal, choisissez à l'avance l'entité, ange ou démon, à laquelle vous vous adresserez, sans les mélanger. Fixez ensuite l'heure correspondant à Saturne et procédez comme suit, pour commencer le rituel 10 minutes après le début de l'heure magique correspondante et l'achever 10 minutes avant la fin :

- lavez-vous et purifiez-vous abondamment, pour vous préparer au rite ;
- mettez le vêtement magique de couleur blanche, à des fins généreuses où on est prodigue, ou noire, pour des buts égoïstes, où on prend ;
- rappelez-vous que l'autel et les opérations doivent être dirigés vers l'est, continuez ensuite dans la préparation du rituel ;
- préparez l'autel avec les encens allumés pour la purification ;
- préparez 7 bougies de couleur noire ;
- posez le pentagramme sur l'autel ;
- mettez au centre le chandelier hébraïque avec les 7 bougies allumées ;
- répétez ces paroles de force correctement 18 fois : **Om hem rim klim ciamunda e vicce** ;
- posez contre le pentagramme le carré magique de Saturne ;
- mettez la photographie ainsi tout ce que vous possédez de la personne pour qui vous voulez effectuer le rituel ;
- agenouillez-vous devant l'autel et invoquez le nom de la divinité, ange ou démon, à laquelle vous avez décidé de faire appel pour l'intervention magique, en le scandant à haute voix et en le faisant vibrer avec intensité, pour activer les forces et les intelligences auxquelles préside le dieu du carré magique ;
- appelez de vos paroles leur attention à la requête d'intervention magique sur la situation qu'on est en train d'essayer de réaliser, en disant le nom de la personne sur qui porte l'envoûtement ;

- avec le bras droit tendu et la baguette magique dirigés vers le carré planétaire, tracez en l'air le quadrillage qui le concerne ;
- agissez en écrivant en l'air les nombres du carré, en suivant la numérotation du plus petit au plus grand, sans revenir en arrière ;
- visualisez la situation que vous voulez réaliser comme si elle entrait dans le carré magique invisible que vous avez tracé avec la baguette magique ;
- prononcez enfin cette phrase : **Que ma volonté soit faite. Amen** ;
- scellez votre volonté, en traçant toujours avec le bras droit tendu et la baguette magique, trois croix en l'air ;
- remerciez les forces auxquelles vous avez voulu faire appel pour activer le carré magique et pour l'envoûtement demandé et libérez-les à haute voix ;
- remerciez le dieu qui préside aux forces sollicitées de samedi, qui s'appelle **Jeovah Elohim**, et demandez-lui de vous aider à réaliser l'envoûtement magique que vous venez de terminer ;
- rangez soigneusement le matériel utilisé, en le remettant dans un endroit approprié, qui doit être utilisé seulement à cet effet, selon ce qui a déjà été décrit au chapitre des connexions planétaires.

Si par hasard vous avez fait quelques erreurs de procédure, vous devez répéter le rituel en entier, à moins que l'heure ne soit dépassée ; dans ce cas vous devrez vous assurer que vous pourrez utiliser l'heure saturnienne qui se représentera, en vous souvenant de la phase décroissante et de la phase croissante qui vous permettra d'approcher ou d'éloigner ce que vous désirez.

L'outillage magique

Pour réaliser certains des envoûtements qui ont été décrits dans les journées planétaires, on peut avoir recours à un outillage particulier qui est en vente dans les magasins spécialisés. En outre, on peut compter aussi sur la démonologie qu'il faut parfaitement connaître, pour éviter de sérieux problèmes.

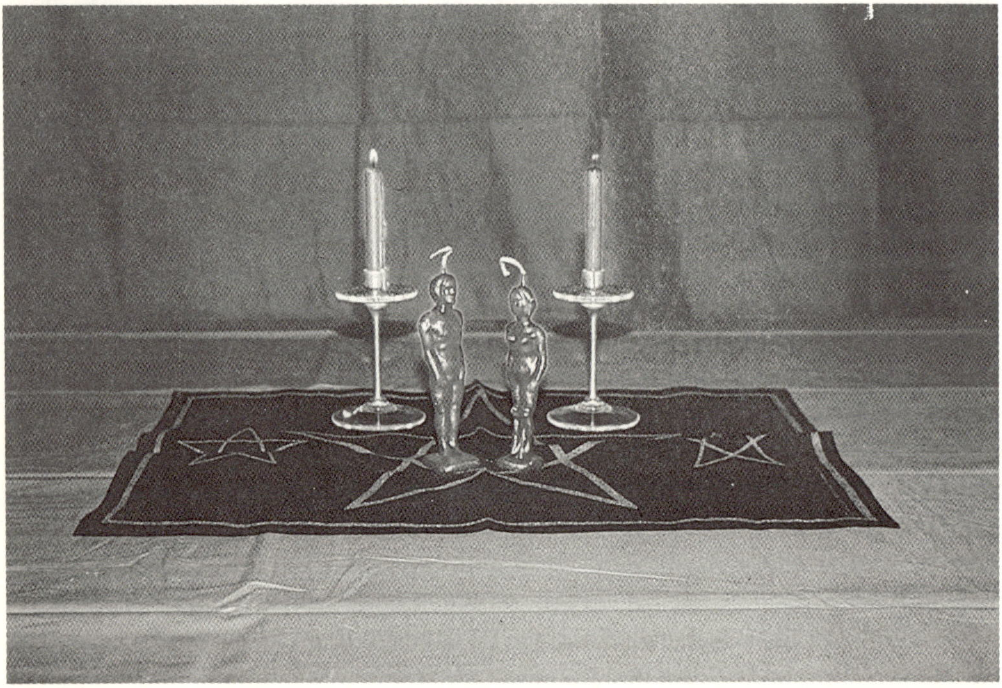

Sur cette page et sur celle de gauche : figurines pour la magie amoureuse, réalisées en pure cire d'abeille dans les couleurs blanche, rouge et noire.

C'est par choix que je n'entre pas dans le fond, mais que je vous indique seulement les objets que vous pourrez acheter si vous décidez d'avoir recours à de telles pratiques.

Pyramides de cire

- **Jaune :** pour la santé, le courage, le bien-être, le prestige et les exorcismes.
- **Neutre :** harmonie en famille, exorcismes, combattre la nervosité.
- **Rouge :** repousser ou lancer des sortilèges, pour la sexualité
- **Violet :** méditation, études, commerce et voyages.
- **Bleu :** sérénité, santé, contre les sortilèges, affaires et travail.
- **Vert :** pour les liens d'amour, contre les fantômes et les présences spirites, santé.
- **Noir :** pour faire des sortilèges et pour exorciser les démons et les envoûtements.

STATUES EN CIRE AVEC DES SILHOUETTES ANTHROPOMORPHES

- Pour réunir les amants.
- Pour diviser les amants.

RITUELS VAUDOUS : POUDRES, ONGUENTS, PHILTRES ET POTIONS MAGIQUES

- Pour rendre amoureux.
- Pour rendre malade.
- Pour rendre impuissant.
- Pour les sortilèges à mort.

Le calendrier ésotérique et ses rituels

Il y a des jours particuliers dans l'année où on trouve des coïncidences à caractère universel, où le macrocosme et les microcosmes trouvent des points de rencontre. Ces jours particuliers, par suite des changements des cycles et des saisons, sont en relation avec des situations magico-ésotériques où l'opérateur en magie pourra mettre au point toute une série de rituels, qui ne sont pas adressés à une personne en particulier et à ses buts égoïstes, mais à

Calendrier « éternel » réalisé en laiton. De la roue solaire partent tous les jours du mois : calendrier très pratique et sympathique, mais sans aucune utilité magico-ésotérique. Il est lui aussi très suggestif.

la situation magico-ésotérique globale, concernant tout le travail magique qu'il devra exercer durant le cours de l'année, que ce soit pour lui-même ou pour ceux qui s'adressent à lui.

Préparation soigneuse du rituel de la Chandeleur qui verra les prêtres et les néophytes à l'œuvre. Le matériel utilisé est constitué essentiellement de bougies de couleur blanche, or et verte, posées sur des nappes magiques blanches avec le dessin des pentacles réalisé avec des inscriptions couleur or en caractères hébraïques.

Le cycle universel

Quelques brèves allusions à l'astrologie serviront à comprendre le cycle universel des saisons, par rapport à l'arc de l'année solaire dans le cadre du cycle cosmique universel.

L'année solaire du calendrier civil n'a pourtant pas de corrélations exactes avec l'année cosmique qu'on trouve représentée en astrologie et elle n'a même pas de corrélations exactes avec l'année magique ésotérique. Chacune d'elles, bien qu'ayant la même durée, commence à des moments différents, mais conserve son ensemble exact propre et ses significations de base pour conclure un cycle, qui se reproduira l'année suivante avec ponctualité.

Tout opérateur magique ressent la nécessité de se soumettre à un rite d'initiation, comme s'il devait se purifier pour accéder aux cimes du savoir et de la puissance; ceci conduit souvent le débutant à se fier à un maître qui l'initie aux secrets de la philosophie occulte, par l'intermédiaire de certaines manifestations extérieures, qui trop souvent se limitent à la mise en pratique des rituels. Même si cette façon particulière d'effectuer l'initiation donne une idée de la magie, elle n'initie pas vraiment le néophyte, mais l'amène à croire en des capacités et des pouvoirs qui ne lui sont pas familiers. D'où, les nombreux problèmes auxquels on se trouve confronté quand les magiciens ne sont pas la source cristalline du savoir qu'ils voudraient incarner. En effet, certains de ces magiciens laissent les initiés s'enfermer dans l'erreur grossière consistant à croire que quelques hommes ont un pouvoir surnaturel et peuvent décider, selon leurs propres critères, à qui accorder une initiation magique et ésotérique. Comme nous disions, nous savons, et avons le droit de savoir, que chaque chose a son juste prix (et je ne parle pas de prix en argent): plus le prix est élevé, plus ce qu'on veut obtenir a de la valeur. D'où on peut évidemment déduire que l'initiation,

Le rite suggestif de la Chandeleur vient tout juste de commencer: les élèves, les néophytes, récitent les formules d'usage.

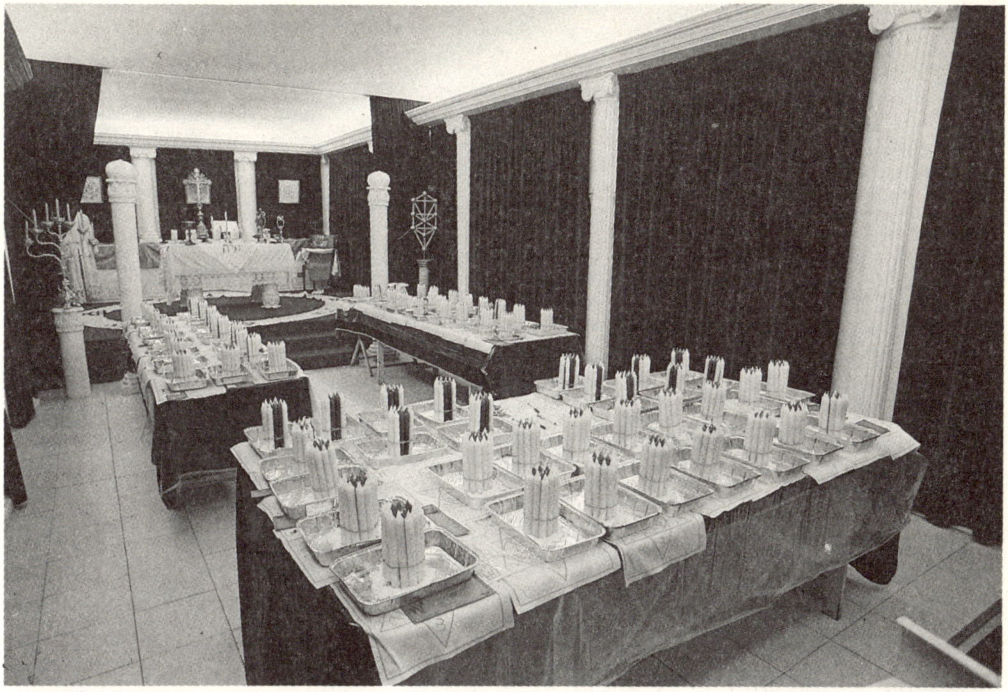

Sur la photo à gauche : un détail de la cérémonie. Les apprentis cherchent avec l'imposition des mains et la force de leur pensée à faire brûler plus rapidement les bougies. En dessous : la cérémonie est presque terminée. Certains élèves ont obtenu le résultat espéré en « consumant » avant les autres les bougies propitiatoires. L'image aide à comprendre le rapport entre magicien et forces de l'univers : le magicien ne modifie pas la substance, mais le résultat, qui dans ce cas est une accélération du temps. Les applications de la magie, considérée comme intervention humaine sur ce qui existe, sont nombreuses et importantes.

A droite: rare photo de l'intérieur du temple de haute magie rituelle du groupe Alk-Kass, qui montre la disposition des décorations sacrées et des objets rituels durant la cérémonie: la nappe de couleur jaune, avec les inscriptions hébraïques; la boule de cristal pour la divination et la voyance; les bougies propitiatoires de couleur blanche et jaune en référence au rituel qui est en train de se dérouler; la coupe magique solaire; les encensoirs; le poignard rituel qui montre le pouvoir du prêtre magicien.

Ci-dessous: cérémonie de groupe avec les couleurs classiques de la magie blanche rouge. Les prêtres-magiciens officiants portent des ornements sacrés, rouges avec des inscriptions en or; les apprentis, en tenue « civile », recevront la connaissance grâce à l'apprentissage des rituels antiques et des secrets occultes de la magie salomonique et consacreront le Lamen *(talisman personnel du mage); ils apprennent le rôle qui leur incombera, récitent les mantra adaptés à la cérémonie et apprennent à officier.*

Ci-dessus : la photo du temple permet de remarquer que l'autel (autour duquel on entrevoit le cercle magique) est une zone nettement séparée de celle où se tient le public qui, évidemment, est considéré encore comme « profane » : ce sont les trois prêtres qui s'approchent du public et non le contraire. Le nombre 3 revêt une grande importance : il représente, en fait, ce qui se concrétise et est, pour cette raison, synonyme de perfection et de réalisation.

A gauche : une autre photo du temple magique. Parmi les prêtres magiciens, il y a une femme : les deux sexes ont des possibilités identiques, ce qui n'est pas le cas normalement dans de nombreuses religions, dans les groupes ésotériques de haute magie et dans les sociétés secrètes. Les bougies et les encens sont allumés ; les prêtres, qui doivent être au nombre de trois, récitent les mantra ; ils officient tournés vers le public, mais restent à l'intérieur du tracé, constitué du cercle magique de protection sur lequel sont gravées les lettres hébraïques ; derrière eux on voit le Sacramentarium, *livre des formules magiques.*

L'autel est en hauteur par rapport au reste du temple. Au-delà des deux colonnes, le Soleil et la Lune, qui symbolisent les frontières au-delà desquelles l'homme, qui ne possède pas la connaissance, ne peut pénétrer. Au fond, à droite, une croix chrétienne ; au centre, sur le cercle magique, l'étoile de David à 6 branches. Les symboles hébraïques et chrétiens se confondent ici, parce que la magie n'est pas liée à une religion précise, mais se prépare à une interaction avec plusieurs d'entre elles. La foi des magiciens est tournée vers tout ce qu'il y a de créatif et de constructif dans l'univers, dans les forces de la nature et dans les puissances qu'elle exprime : ce sont ces forces avec lesquelles le véritable magicien réussit à entrer en contact en les finalisant vers son objectif.

Encore quelques particularités du temple qu'il est bon de connaître. Les deux grands chandeliers hébraïques à 7 branches sont placés, l'un au-delà de l'autel, exactement en dessous de lui, en direction des fidèles, avec sur ses branches des bougies couleur or (sur la photo, visible en partie sur la gauche), l'autre derrière l'autel, mais à l'extérieur du cercle magique, avec sur ses branches des bougies de couleur rouge. Les couleurs dominantes des ornements sont le blanc et le rouge, alors que les murs sont recouverts de draps couleur bordeaux. Le temple est très évocateur et est construit avec grand soin : rien n'est laissé au hasard. Le groupe Alk-Kass a voulu respecter les traditions, aussi bien pour les ornements que pour l'éclairage, en fait on ne voit pas de lampes aux murs, mais le temple est suffisamment éclairé et il n'y a pas, comme dans de nombreux autres cas, de place laissée à l'imagination et à la suggestion : la rigueur et le sérieux s'imposent même au regard de celui qui est le moins croyant.

Prêtres magiques attentifs à faire en sorte que le rituel de la Chandeleur se déroule en parfaite syntonie avec les énergies cosmiques et leurs propres élèves.

Détail très important de la cérémonie : les trois bougies au premier plan, bien qu'ayant été allumées en même temps que celles placées dans les récipients en métal, ne se sont pas encore consumées parce qu'elles n'ont pas subi la volonté du magicien exprimée par l'intermédiaire de l'imposition des mains.

qui guide un homme lors de la phase qui conduira sa simple nature humaine à entrer en contact avec les « énergies » de l'univers pour s'élever au rang de « mage », ne peut pas se limiter à la seule imitation mimique d'un rituel qui n'est pas totalement la source de l'essence fondamentale.
Le cycle global de l'année solaire est une petite portion du cycle universel et conduit l'opérateur magique à travers toutes les étapes les plus importantes de son évolution, qui symbolisent et reproduisent toute l'évolution de l'univers, en la condensant en 4 saisons, qui représentent la globalité du cycle de la vie.
Chacun est procréé, puis, après la gestation, il naît, grandit et mûrit en prenant en lui l'expérience et la connaissance, qui lui sont données par le simple fait d'exister, pour conclure dans le déclin inévitable son existence avec l'acte suprême représenté par la mort, qui n'est que le passage vers une étape suivante de l'évolution, pour continuer jusqu'à l'infini, de façon à ce que l'univers se régénère en devenant toujours plus grand et majestueux.
Tout ceci en magie prend une signification symbolique et est transformé en un acte alchimique où la connaissance devient la pierre philosophale et celui qui saura s'élever au-dessus de la connaissance terrestre contenue dans les sciences humaines pourra gérer une petite portion des énergies universelles, qu'il saura attirer en les modelant et en les soumettant à la volonté de l'homme.

Les modifications au calendrier

Les dates qui sont destinées à de telles opérations sont dans certains cas changées par rapport aux dates originales, donc, pour votre information, j'indiquerai d'abord le calendrier avec les dates exactes, et à la suite, celui qu'on utilise au contraire comme dateur en cours.
Dans l'évolution des cycles universels et l'alternance des saisons, il y a eu des changements inévitables puisque l'année civile et l'année solaire s'expriment avec quelques différences; ainsi les calendriers ont dû subir des modifications, qu'on trouve évidemment quand on est en présence du nouveau calendrier magique mis au point par les philosophes de la magie: on peut continuer à l'utiliser en res-

CALENDRIER THEORIQUE NON UTILISE

6 NOVEMBRE	début de l'année magique (hiver ésotérique)
21 DECEMBRE	solstice d'hiver
2 FEVRIER	début du printemps ésotérique
21 MARS	équinoxe de printemps
5 MAI	début de l'été ésotérique
21 JUIN	solstice d'été
6 AOUT	début de l'automne ésotérique
23 SEPTEMBRE	équinoxe d'automne

pectant les traditions, que je vous conseillerai de garder intactes, aussi parce que ceci simplifiera beaucoup le travail que vous devrez effectuer.

Déjà à l'époque de Jules César, en 46 av. J.-C., on a dû corriger le calendrier pour effectuer une première réforme ; au XVIe siècle, ensuite, est survenue une autre réforme qui a modifié le temps fixé par les Romains : en fait ceux-ci avaient commis quelques erreurs de calcul qui avaient eu pour effet qu'on avait 1 jour en plus tous les 128 ans, raison pour laquelle les solstices et les équinoxes au cours des siècles ont subi d'énormes changements par rapport à leur périodicité d'origine. Même la liturgie chrétienne a contribué à ces changements : comme il était impossible de les extirper, le christianisme s'est approprié les antiques usages païens. Ainsi, en Amérique, la fête de Halloween, la fête des sorcières, devient la Toussaint ; Janus bifrons se dédouble et en deux solstices : il devient Jean-Baptiste et Jean l'Evangéliste, et ainsi de suite.

En fait, avec le temps, les fêtes liturgiques chrétiennes ont tendance à occuper les laps de temps qui ne sont pas occupés par les rituels païens, et finissent par conduire à des changements radicaux, et pourtant aujourd'hui on peut de nouveau les utiliser en gardant des dates précises.

CALENDRIER ESOTERIQUE ADOPTE

31 OCTOBRE	début de l'année magique avec ***Halloween***
21 DECEMBRE	solstice d'hiver avec les ***Saturnales***
2 FEVRIER	début printemps ésotérique avec la ***Chandeleur***
21 MARS	équinoxe de printemps avec les rites de ***Attis*** (rites ésotériques)
30 AVRIL	début de l'été ésotérique avec le ***Premier Mai***
24 JUIN	solstice d'été avec la nuit de ***Saint-Jean-Baptiste***
31 JUILLET	début de l'automne ésotérique avec les rites pour ***l'abondance des récoltes***
21 SEPTEMBRE	équinoxe d'automne avec la nuit de ***Saint-Michel-Archange***

Les dates du calendrier ésotérique en cours sont parfaitement lisibles sur la roue zodiacale et déterminent une subdivision temporelle de 8 périodes qui partent du 31 octobre, Halloween, jusqu'au bout du cycle. Halloween se trouve exactement au milieu du signe du Scorpion, qui veut symboliser l'expression de la vie liée à la mort : en fait c'est la période de l'année où la semence est mise sous terre (donc enterrée) et où la terre se prépare à la régénération qui, après une période plutôt longue de léthargie, sera à l'origine de la nouvelle vie, qui évidemment coïncidera avec une autre période ésotérique de l'année jusqu'à l'achèvement du cycle.

Les périodes du calendrier ésotérique

L'aspirant magicien qui voudra opérer aux périodes indiquées par le calendrier ésotérique pourra le faire même en opérant tout seul, sans qu'il ait besoin d'être « initié » par d'autres, plus experts que lui. Sur les catalogues d'articles magiques il pourra repérer le matériel adapté à la ritualistique, mais ce qui compte le plus est que, à la base de tous les tableaux des connexions planétaires mentionnés dans le texte, il aille rechercher les « esprits » qui sont préférés pour chaque période de l'année, et auxquels il s'adressera pour favoriser tout ce qui lui sera nécessaire et surtout qu'il suive un parcours idéal qui le conduise à la véritable initiation dans la transformation alchimique de son être profond.

Exemple de rituel

- Préparer le milieu magique, en choisissant le moment propice ;
- mettre les vêtements magiques correspondants : noir pour Halloween et les Saturnales ; blanc pour la Chandeleur, Attis et le 1er mai ; rouge pour la Saint-Jean-Baptiste, l'Abondance des récoltes, et Saint-Michel-Archange ;
- allumer 4 bougies choisies en fonction des couleurs planétaires ;
- allumer l'encens planétaire ;
- utiliser le poignard et l'épée magique avec le bras droit tendu ;
- s'agenouiller et faire appel au prince ou à l'archange selon le tableau des « correspondances magiques pour les rituels » p. 169.
- exprimer à voix haute le désir à exaucer, en lui imposant l'obéissance ;
- enfumer le milieu avec l'encens planétaire ;
- répandre quelques gouttes du parfum planétaire correspondant ;
- consacrer tout le matériel magique qui devra être utilisé durant l'année (des bougies jusqu'à l'autel, du vêtement jusqu'à la baguette magique) ;

- prononcer ces phrases : **Que ma volonté soit faite. Amen** ;
- sceller votre volonté avec le bras droit tendu, avec le poignard ou l'épée, en traçant 3 croix en l'air ;
- libérer l'entité invoquée, en la remerciant pour ce qu'elle aura accompli ;
- remercier le dieu qui préside aux archanges ou aux princes invoqués ;

Poignard magique ancien utilisé dans les rituels.

– laisser se consumer tout le matériel utilisé jusqu'à extinction;
– ranger tout très soigneusement.

Si vous avez accompli quelques erreurs de procédure, vous devez recommencer tout le rite depuis le début.

ROUE ZODIACALE DE L'ANNEE ESOTERIQUE

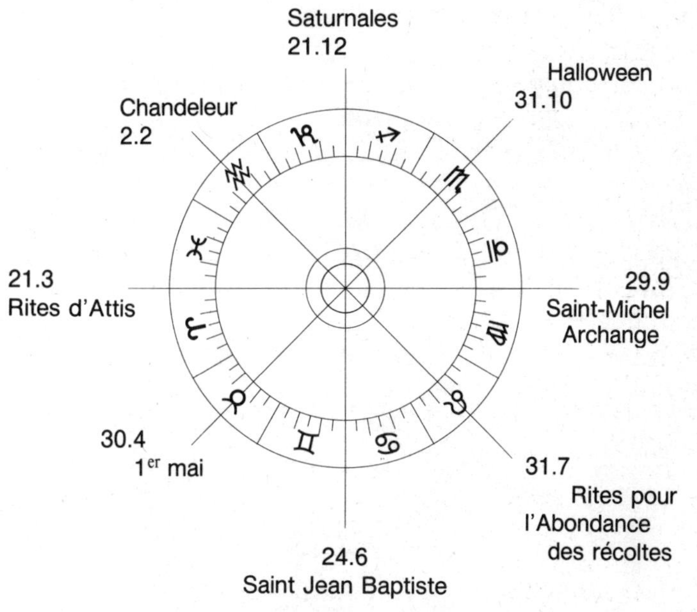

31 Octobre, veille de la Toussaint : Halloween

L'opérateur magique pourra, à cette phase de départ de l'année solaire, entrer en contact avec les énergies divines. C'est la date de la descente du Mercure divin ou céleste à qui l'opérateur fera référence pour se développer lui-même : le germe de la sagesse entre en lui pour y rester caché jusqu'à ce que vienne la résurrection et qu'il puisse se manifester.

La veille de la Toussaint, qui représente la sépulture, la mort, pour la régénération vers une nouvelle vie, veut être un avertissement pour l'homme afin qu'il comprenne comment la mort naît de la vie et comment une nouvelle vie naît de la mort. Chacun doit donc savoir que tout a une fin et un début et doit agir en fonction de cette vérité.

Motivations du rituel ésotérique

- Exorcismes et purifications des fantômes, des démons, des impuretés et des négativités ;
- se protéger des attaques occultes et empêcher celui qui veut nuire ;
- acquérir du pouvoir dans le domaine magique, développer des facultés paranormales ;
- protéger sa propre santé, soigner de vieux troubles et prévenir les maladies ;
- favoriser les affaires, le travail, les gains, la chance, le succès, la gloire, le prestige, la carrière et la célébrité professionnelle, les connaissances et les appuis importants ;
- résoudre de vieux dilemmes et mener à terme des actions déjà entreprises.

L'heure de départ du rituel est 20 h et dure jusqu'à minuit du même jour.

21 Décembre, solstice d'hiver, rite ésotérique des Saturnales

Le solstice d'hiver coïncide avec l'entrée du Soleil dans le signe du Capricorne. Le germe enterré dans la période du Scorpion n'est plus dans une tombe, mais est en train de germer dans le giron maternel. Le réveil initiatique à la nouvelle vie révèle que le germe de la connaissance qui a été semé pour Halloween est en train de donner ses fruits. Les nuits se font plus courtes et la lumière prend la place de l'obscurité ; celui qui a été initié prend conscience des choses cachées, du monde invisible, et l'ignorance va être effacée.

Motivations du rituel ésotérique

- Se libérer de toute forme de négativité, des fantômes ou d'un esprit négatif, du démon, de l'obsession provoquée par soi-même, du mauvais œil, de la jalousie;
- se protéger pendant une année entière en évitant de subir des actions occultes;
- exaucer un désir (un seul), sans empêchement, qu'on pourra choisir parmi: santé, amour, travail et argent.

L'heure de début du rituel correspond à minuit le 21 décembre.

2 Février, rite ésotérique de la Chandeleur

Nous sommes arrivés au beau milieu du signe du Verseau et d'autres changements se sont produits sur le plan de la saison: en fait la semence enterrée durant le Scorpion a commencé à germer durant le Capricorne et, en se putréfiant, elle a donné le départ à la vie nouvelle, qui maintenant est en train de prendre forme et indépendance. La métamorphose s'accomplit et l'embryon devra se faire un chemin vers l'extérieur en devenant une plante bien distincte qui devra se libérer des résidus de la semence qui l'a nourrie.

Sur le plan ésotérique nous trouvons l'élève qui commence à se libérer de la protection et de la conduite du maître qui l'a soutenu en l'aidant à évoluer spirituellement et à prendre conscience de soi, tant sur le plan de la connaissance que sur celui de l'expérience.

Motivations du rituel ésotérique

C'est l'un des rites les plus importants de l'année; il permet de résoudre le plus de problèmes à la fois, en se libérant des scories du passé:

- opérer des changements très importants pour sa propre vie;
- se purifier et s'exorciser;
- se renouveler complètement pour toutes ces motivations: la santé et l'énergie physique, l'amour, le travail, le style de vie, la spiritualité, la purification alchimique.

L'heure du rituel correspond à 0 h 10 le 2 février et peut continuer jusqu'à minuit.

21 Mars, équinoxe de printemps, rite ésotérique de Attis

Le Soleil entre dans le signe du Bélier et la nature s'exprime de toute sa force en brisant les mottes du sol ; la vie solaire est à son début et les bourgeons fleurissent en symbolisant le printemps. A ce moment particulier et unique s'expriment deux énergies zodiacales en opposition apparente : les Poissons avec l'astre de la nuit, la Lune, et le Bélier avec l'astre du jour, le Soleil ; c'est donc le moment où il apparaît évident que deux forces de la nature opposées vont se heurter, moment de l'équinoxe où elles s'expriment dans un concept d'unité, expression de l'androgyne, c'est-à-dire de l'être qui renferme en soi à la fois les idées et les sexes. Le mythe nous renvoie à Cybèle, la mère des dieux, qui était androgyne, c'est-à-dire renfermait en elle le masculin et le féminin.

Motivations du rituel ésotérique

Le printemps est par excellence la saison des amours et donc à l'amour sont dédiés les rites de l'équinoxe du printemps :
- pour trouver l'amour et faire de nouvelles connaissances ;
- pour les rencontres amoureuses, les aventures, même temporaires ou clandestines ;
- pour faire de nouvelles connaissances ou amitiés ;
- pour amener l'harmonie dans le milieu familial ;
- pour protéger la famille, le mariage et les enfants.

L'heure de début du rituel correspond à 0 h 10 le 21 mars et peut continuer jusqu'à l'aube.

30 Avril, le 1er mai commence l'été ésotérique

Nous sommes arrivés au beau milieu du signe du Taureau, moment où la nature se prépare pour se procréer elle-même et où l'homme vit un rythme vital consacré à perpétuer son espèce. Ce sont les sexes divisés qui doivent se réunir pour permettre une telle mutation et pour continuer d'évoluer par l'intermédiaire de la fécondation.

Motivations du rituel ésotérique

L'objectif principal est d'engendrer l'abondance et les intentions peuvent être multiples, sans limitations, pour obtenir des situations économiques et sociales plus élevées et la chance dans le domaine financier:

- éliminer les négativités créées par les personnes qui nous font obstacle sur le chemin du succès;
- éliminer les ombres, combattre les sortilèges et les démons;
- éliminer les concurrents et les rivaux dans le travail;
- avancer dans sa carrière, améliorer son milieu social, obtenir des charges importantes;
- améliorer ses gains;
- avoir de la chance au jeu et le succès en politique, gagner des concours et être choisi dans son travail;
- obtenir la santé physique et la force;
- avoir la renommée, la notoriété et la gloire;
- payer ses dettes.

L'accomplissement de ces actions débute à 20 h le 30 avril pour durer jusqu'au 1er mai à 8 h, avec un paroxysme à minuit.

24 JUIN, SOLSTICE D'ÉTÉ, RITE ÉSOTÉRIQUE DE SAINT-JEAN

Sur la roue zodiacale se termine le signe des Gémeaux, relayé par le signe du Cancer, qui donne le départ à l'été qui voit arriver à maturation les fruits fécondés au moment du 1er mai. Sur le plan symbolique, s'exprime l'achèvement de la maturation de l'initié, qui doit maintenant penser à protéger son évolution, et pour cette raison, le rite s'exprime avec un poignard rituel qui fut certainement un des premiers instruments de pouvoir utilisés par les mages.

Motivations du rituel ésotérique

L'objectif premier du rituel est de protéger, en s'adressant aux entités suprêmes correspondantes :

- protéger les patrimoines et les finances en général ;
- protéger la santé et se protéger des accidents ;
- faciliter de nouvelles initiatives ;
- franchir les obstacles, même s'ils sont nombreux ;
- acquérir la connaissance philosophique et le pouvoir magique ;
- protéger l'année entière.

L'horaire du rituel part de 20 h le soir du 24 jusqu'à 6 h le lendemain matin.

31 JUILLET, DÉBUT DE L'AUTOMNE ÉSOTÉRIQUE, RITE DE L'ABONDANCE ET DE LA RÉCOLTE

Le moment de la récolte des moissons est arrivé et la nature semble assouvie sous le splendide soleil de juillet ; alors que le signe du Lion trône majestueusement, il semble presque que le temps s'est arrêté et que la nature cherche à conserver ce qu'elle a obtenu. Celui qui a commencé son évolution pendant la nuit de Halloween a accompli son but parce que son fruit a mûri et s'est transformé en or philosophal.

Motivations du rituel ésotérique

L'objectif premier du rituel est celui de la conservation et de la consolidation de chaque chose obtenue :

- défendre tout aspect affectif et protéger des attaques occultes ;
- rapprocher les amours éloignées ;
- consolider chaque résultat obtenu dans le domaine du travail et celui de l'argent ;
- se maintenir en bonne santé et se protéger des accidents.

Le rituel commence à 20 h le 31 juillet et dure jusqu'à l'aube du 1er août.

21 Septembre, équinoxe d'automne, nuit de Saint-Michel-Archange

Nous sommes enfin arrivés sous le signe de la Balance : les heures de jour commencent à diminuer et la nuit s'allonge. Après avoir consommé l'abondance offerte par le Lion, le Soleil entre dans le signe de la Vierge qui a un rôle conservateur, mais avec l'intention d'éliminer ce qui ne sert plus, pour préparer de nouveau la grande-mère Terre à la longue nuit de l'hiver qui sera fécondée sous le signe du Scorpion.

Motivations du rituel ésotérique

L'objectif primaire est la protection :
- neutraliser les mauvaises intentions et les maléfices, même s'ils sont provoqués par beaucoup de personnes, comme les sortilèges et le mauvais œil dans toutes les sphères d'influence qui vont de la santé à l'amour, et au travail ;
- permettre de fermer les vieux comptes, au sens de solder les dettes et encaisser des crédits ;
- protéger en particulier l'emploi, en garantissant sa sécurité et en évitant de risquer de le perdre ;
- favoriser la fortune et l'abondance, si elle est dirigée vers un seul objet.

Le rituel commence à 0 h 10 le 21 septembre et dure pendant 24 heures.

La pyramide

La pyramide est un accessoire très utile à l'opérateur magique qui ne veut rien laisser au hasard. Elle reproduit l'antique sagesse égyptienne consacrée aux cultes stellaires, desquels une grande partie de la magie a tiré sa structure et les découvertes archéologiques qu'on a faites sur elle ont permis de retrouver ses propriétés.

On sait bien que la pyramide fonctionne en tant que catalyseur, en canalisant à l'intérieur d'elle-même l'énergie cosmique qui se condense et s'énergise, en conservant au mieux tout ce qui lui est soumis. La pyramide de Chéops est l'archétype de la pyramide. Les pyramides utilisées en magie respectent donc exactement ses proportions, alors qu'elles peuvent être construites avec des matériaux différents, qui en général sont choisis en fonction du type d'opération auquel on veut avoir recours.

En fait des expériences ont permis de comprendre que la conservation des momies a été en grande partie le résultat de cette focalisation énergétique et certains chercheurs et expérimentateurs ont pu se livrer à de véritables momifications de morceaux de viande ou d'agrumes, placés au centre de la pièce qui se trouve à la base de la pyramide. Là, pour des raisons qui peuvent sembler magiques, il se produit comme une situation de vide total et une pénurie d'air. On sait que c'est l'oxygène, avec les bactéries qu'il transporte, qui produit la décomposition, et

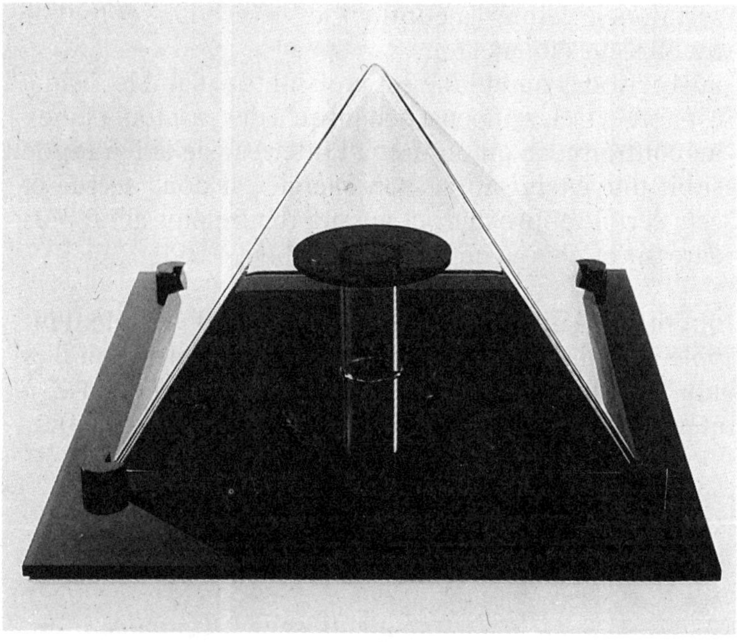

Deux vues de la pyramide de Chéops, réalisée en plexiglas transparent selon les dimensions de l'original, à l'échelle 1:1000. Elle comprend un plan disposé en hauteur où se concentrent et s'accumulent les énergies que la pyramide, orientée favorablement, est en mesure de catalyser. Ces énergies servent à « charger », dans les phases de lune montante, ou à « décharger » dans les phases de lune décroissante, les talismans réalisés durant les rituels ; ou bien à intervenir sur les personnes, en posant une photographie d'elles sur le plan qui bénéficiera de l'énergie des pyramides.

que, en l'absence d'oxygène et de bactéries, celle-ci est considérablement réduite.
On va même jusqu'à utiliser dans certaines activités curatives les pyramides, qui sont construites toujours en respectant le modèle original de la pyramide de Chéops, mais avec un matériau à base de cuivre, à cause de ses propriétés thérapeutiques.
L'opérateur magique peut avoir recours à l'utilisation de la pyramide, et la choisir en cristal ou dans une matière plastique, ou même en métal s'il le juge nécessaire, pourvu qu'il respecte les dimensions et agisse selon certaines méthodes de base qui sont très faciles à comprendre et à utiliser.
Après chaque rituel, on peut mettre sous la pyramide les photographies ou tout ce qui peut être soumis à un renforcement ultérieur de l'action magique qui a été accomplie, en les laissant pendant toute la lunaison nécessaire pour le renforcement du rite effectué, selon ces règles très simples:

- aux périodes où la lune est décroissante (quand le disque est blanc et se rétrécit petit à petit jusqu'à devenir noir), tout ce qu'on met à l'intérieur de la pyramide subit comme une décharge d'énergie; cela sert donc à calmer, à éliminer les négativités, et tout ce qu'on veut éloigner;
- aux périodes où la lune est croissante (quand le disque est noir et s'élargit peu à peu jusqu'à devenir tout blanc), au contraire, ce qu'on met à l'intérieur de la pyramide subit une énergisation, son énergie est donc accrue et cela sert à rapprocher, et aussi à rendre plus actif, plus agressif et chargé en force.

L'opérateur magique dispose ainsi d'un élément supplémentaire pour renforcer l'enchantement qu'il a voulu produire, puisque l'énergie qui se condense à l'intérieur de la chambre de la pyramide produira cet effet.

Conclusions

Ce volume consacré à la magie s'achève ici, mais je voudrais m'arrêter un instant encore pour ajouter quelques lignes sur la valeur de son contenu.

Chacun pourra s'être familiarisé à sa lecture avec les motivations les plus différentes : fasciné par les arts ésotériques, aspirant à devenir magicien, attiré par le titre ou par la couverture, incrédule et sceptique au point de vouloir lire le contenu pour le contester ou bien poussé par le simple désir de connaissance. Mais ce qui compte le plus est que chacun pourra – grâce à la simplicité avec laquelle nous avons essayé d'expliquer les rituels, qui ont été même modernisés, – vérifier par lui-même s'il est possible ou non de réaliser ce que ce volume a soigneusement décrit.

Je tiens particulièrement à vous faire savoir ce que j'ai voulu réaliser : indépendamment de la foi ou du scepticisme de chacun, j'ai cherché à vous proposer un volume complet, qui contienne le plus d'informations possible utiles au lecteur ; on peut bien sûr les trouver dans d'autres livres, mais elles sont morcelées et donc d'une décodification difficile.

Parmi la quantité d'éléments fournis, chacun trouvera certainement ce qui s'adapte à son cas, l'élément avec lequel entrer en syntonie, l'énergie avec laquelle sympathiser, l'esprit allié, le parfum le plus agréable à son propre odorat, les herbes qui lui sont consacrées, les nombres et les lettres avec lesquels élaborer des formules

magiques qui soient détachées des dogmatismes excessifs, etc.
Les magiciens, les vrais, objecteront peut-être que les simplifications adoptées dans le volume peuvent amoindrir la magie et ses valeurs ésotériques, la rendre vulgaire, populaire, mais je crois que dans toute société qui se respecte on ne peut pas faire moins que de donner à chacun ce qu'il réclame, et un livre, même s'il révèle des vérités que d'aucuns considèrent comme sacrées et destinées seulement à un petit nombre d'élus, est certainement quelque chose qui est choisi par le lecteur et non pas imposé.
Les temps de la magie de Salomon sont loin, les cultes de la Lune, des étoiles, de l'Atlantide et du Soleil le sont encore bien plus, beaucoup d'éones (époques) sont passés depuis ce temps-là, donc pendant ce temps, les choses ont beaucoup changé et l'homme a mûri, il a évolué, grâce à l'acquisition d'une connaissance qui l'a amené à franchir certaines initiations, même si elles n'avaient pas un caractère magico-ésotérique.
Ce volume veut mettre à la disposition de l'homme moyen, qui a surmonté tant d'années de douleur, de luttes sévères et de conquêtes sociales, économiques et même matérielles, une partie de ce pouvoir que la société lui refuse. Ce sera lui, l'homme moyen, qui pourra s'élever au-dessus de sa condition et devenir un homme magique, mais pour le faire, il aura besoin d'utiliser la volonté, tendu vers la connaissance et le désir d'agir dans le sens de la connaissance. Mais, comme nous l'avons déjà dit au début de ce volume, la volonté est déjà un acte magique, le passage sera donc court si la volonté est guidée dans cette direction.
La magie est quelque chose qui réside naturellement dans le cœur et l'esprit de l'homme, indépendamment du fait qu'on y croit ou non et par conséquent, l'homme qui en prend conscience ne peut qu'en profiter et se compléter avec l'évolution universelle et comme dans toute situation le positif et le négatif restent seulement le fruit d'un choix momentané, qui peut être modifié.
La magie est bénéfique si l'homme veut bien qu'elle le soit, mais devient maléfique si l'homme le désire.
Lisez attentivement ce volume, apprenez à mettre en

pratique les rituels en respectant les traditions, choisissez la voie que vous voulez emprunter, mais rappelez-vous que pour chaque choix vous devez mettre en œuvre un renoncement et le chiffre 7, qui représente le chiffre de la magie, vous indiquera clairement cette vérité.

Le nombre 7, en fait, représente ésotériquement la rupture de la stagnation, obtenue avec le nombre 6, pour laquelle toute certitude se fait doute, et toute position obtenue se fait précaire. Ce nombre montre à l'homme qu'il peut rompre la stagnation, mais que pour le faire, il doit risquer de perdre sa sécurité, parce que ce qu'il cherchera à obtenir n'est assurément pas comme ce qu'il laisse derrière lui. L'homme qui a le courage d'embrasser le chiffre 7 provoque un acte magique, une mutation alchimique à l'intérieur de lui-même, qui l'amène à manipuler les énergies autour de lui, en les collant et en les rendant dociles à son bon vouloir, mais la route parcourue avec le chiffre 7 est solitaire et vous n'avez pas de possibilité de retour.

La porte qui conduit à la magie, une fois ouverte, ne peut plus être fermée et l'horizon infini devient toujours plus infini : il est facile de s'y perdre.

Rappelez-vous que quelques sages avant moi ont dit que la culture libère l'homme...

Et moi, j'ajoute qu'un homme vraiment libre n'a pas peur de la culture.

La culture, au sens métaphorique, est la connaissance, la science, la magie qui nous délie des chaînes terrestres, mais nous projette dans l'espace infini dont nous ne savons presque rien ; ce que nous y avons identifié peut être une projection de notre façon de penser et d'agir absolument humaine, et donc les énergies et les intelligences cosmiques pourraient même ne pas être celles que nous voulons qu'elles soient, et peut-être, plus nous pensons les manipuler, plus nous sommes manipulés.

Voyez en toute liberté si c'est votre voie et ne faites vos comptes qu'avec votre conscience, puisque ce ne sera pas la loi des hommes qui vous jugera pour cela, mais une loi suprême qui n'est pas inscrite dans les formules humaines, qui ne se gère pas dans les salles des tribunaux, qui ne nous appartient pas, mais à qui nous appartenons. Cette loi est

écrite même à l'intérieur de notre âme et nous faisons tous les comptes avec elle quand, après avoir commis des erreurs, nous mettons en route les mécanismes punitifs développés par notre super ego. La science de la psychologie nous a fait participer à cette vérité que l'homme a réussi à connaître avec la recherche scientifique, mais elle n'appartient pas seulement à la science, mais à l'univers, et nous qui sommes inséparables d'elle, nous ne pouvons nous soustraire à cette vérité universelle.
Vous serez donc vos propres juges et aucun juge ne pourra être plus sévère que vous, avec vous.

Table des matières

Achevé d'imprimer
en juin 1995
à Milan, Italie, sur les presses
de Grafiche Milani

Dépôt légal : juin 1995
Numéro d'éditeur : 4156